Sophies Buffets

Sophie Dudemaine

L'Art de Vivre Gourmand

Im Gerstenberg Verlag bereits erschienen:
Sophies Cakes
Sophies Tartes, Quiches und Salate
Ducasse ganz einfach dank Sophie

Entdecken Sie Sophies kulinarische Welt:
ihre Kochbücher, ihre Rezepte, ihre Tipps, ihre Kochkurse,
ihre Feinschmeckerprodukte und ihr behagliches Landhotel in der Normandie.

www.lamaisondesophie.com

Sophie Dudemaine
La Maison de Sophie
F-14950 Saint-Étienne-la-Thillaye
Tel. 0033-02 31 65 69 97

Sophie Dudemaine

Sophies Buffets

Fotos von Philippe Exbrayat
Food Styling von Olivia Nikitenko

Aus dem Französischen von Barbara Holle

Gerstenberg Verlag

Wenn ich an meine Kindheit zurückdenke, sehe ich stets auch die vielen Leckereien vor mir. Jeden Sonntagabend gab es bei meinen Eltern ein großes Buffet mit verschiedenen warmen und kalten Speisen. Für uns Kinder war das immer ein Festtag. Wir konnten hier von salzigen, dort von süßen Dingen naschen und von der heißen Schokolade und anderen Köstlichkeiten probieren. Dabei überkam uns ein wunderbares Gefühl von Freiheit!
Aus dieser Erinnerung heraus ist die Idee zu diesem Buch entstanden. Die neun Buffets, die ich Ihnen hier präsentiere, habe ich nach Themen zusammengestellt. Je nachdem, was Sie feiern möchten, wählen Sie einfach eines davon aus. Selbstverständlich können Sie die Rezepte aber auch neu kombinieren.
Außerdem gebe ich viele Ratschläge, verrate Tricks und Deko-Ideen und zeige Ihnen, wie Sie am besten planen, damit Sie ganz für Ihre Gäste da sein können.
So können Sie ganz entspannt feiern!

Ich wünsche gutes Gelingen!

Sophie

Inhalt

FLEISCHBUFFET

TARTEBUFFET

SALATBUFFET

BRUNCHBUFFET

BUFFET FÜR KINDER

SÜSSES BUFFET

CRISTEL

Die Gestaltung des Buffets

Anderen und sich selbst eine Freude zu bereiten ist die Maxime in der Kunst der Gästebewirtung. Erwarten Sie mehr als zehn Gäste, gibt es nur eine Möglichkeit: ein Buffet! Wird es doch jedem Appetit gerecht, da jeder Gast sich – am Buffet wie bei den Gesprächen – je nach Lust und Laune etwas herauspicken kann. In diesem Buch finden Sie neun Buffets, die jeweils unter einem bestimmten Motto stehen. So können Sie Ihr eigenes Buffet zusammenstellen und sich danach ausschließlich Ihren Gästen widmen.

Der Tisch

Ich richte meine Buffets stets auf vier verschiedenen Tischen an.
Je nach Motto benutze ich runde, rechteckige oder quadratische Tische, Tapeziertische oder einfach nur Bretter, die auf Böcke gelegt und mit einem Tischtuch bedeckt werden. Sind unter den Gästen auch Kinder, stelle ich für sie einen etwas niedrigeren Tisch dazu.
Jeder der vier Tische hat eine bestimmte Funktion. So ist
– ein Tisch ausschließlich für Gläser, Teller, Besteck, Salz, Pfeffer, Brot und Butter,
– ein Tisch für die pikanten Gerichte,
– ein Tisch für Salate und Käse
– und ein Tisch für die Süßspeisen reserviert.
Wollen Sie sich auf drei Tische beschränken, dann richten Sie die Salate und den Käse einfach mit auf dem Geschirr- und Besteckisch an.

Die Tischdecke

In der Regel benutze ich Tischdecken aus Stoff. Manchmal verwende ich stattdessen auch einfach Bettlaken, Tagesdecken oder Sesselschoner.
Wenn Sie Zeit haben, können Sie auch Meterware kaufen und Ihre Tische mit Stoffen aus verschiedenen Materialien (Samt, Taft ...) herrichten.
Verfügen Sie nicht über ausreichend große Tischdecken, nehmen Sie am besten drei kleinere und legen an jedes Tischende eine Decke und eine weitere in die Mitte. So vermeiden Sie, dass die Tischtücher in der Mitte unschön auseinanderklaffen.

Die Getränke

Die Weine wähle ich entsprechend der Jahreszeit aus. In der warmen Jahreszeit gebe ich roten und weißen Loire-Weinen oder Roséweinen aus der Provence den Vorzug; während des übrigen Jahres serviere ich leichte Bordeaux-Weine.
Unverzichtbar für einen anregenden Abend: der Champagner.
Auch Mineralwasser – mit und ohne Kohlensäure – darf nicht fehlen.
Darüber hinaus können Sie einen Fruchtsaftcocktail bereithalten.
Im Allgemeinen rechne ich eine Flasche Wein oder Champagner für drei Personen und eine Flasche Wasser für zwei Personen.
Bereiten Sie außerdem ein Tablett vor, auf dem Sie alles Nötige für Kaffee, schwarzen und andere Tees bereitstellen. Den Kaffee können Sie in einer Thermoskanne warm halten; Wasser lässt sich rasch im Wasserkocher erhitzen. Zu den warmen Getränken sollten Sie weißen und braunen Zucker anbieten sowie Süßstoff. Auch Pralinen oder Schokolade werden gewiss begeisterte Abnehmer finden.

Das Brot

Je nach Lust und Laune serviere ich mal nur eine Sorte Brot, zum Beispiel Baguette oder große Brotlaibe, mal eine Auswahl verschiedener Brötchen (Vollkornbrötchen, Rosinenbrötchen, Brötchen mit Walnüssen ...).
Fragen Sie Ihren Bäcker, ob er Ihnen eine Brotpyramide zusammenstellt.
Pro Person rechne ich in der Regel ein halbes Baguette oder zwei Brötchen oder drei Scheiben Brot.
Bleibt etwas übrig, frieren Sie es einfach ein.
Dazu serviere ich stets sowohl gesalzene Butter als auch Süßrahmbutter.
Achten Sie beim Brot wie bei der Butter auf gute Qualität.

Der Käse

Ich habe es mir zur Gewohnheit gemacht, meinen Gästen nur eine Käsesorte anzubieten: Vacherin*, Brie, Camembert oder eine Auswahl verschiedener Ziegenkäse.
Denken Sie daran, den Käse bereits einige Stunden vor der Ankunft Ihrer Gäste aus dem Kühlschrank zu nehmen.

Die richtige Menge

Die neun Buffets, die in diesem Buch vorgestellt werden, sind jeweils für zehn Personen gedacht, auch wenn die einzelnen Rezepte für sechs Personen berechnet sind. So lässt sich das Buffet abwechslungsreich gestalten, und man muss hinterher nicht so viel wegwerfen. Sollte die Zahl der Gäste zehn Personen übersteigen, hilft Ihnen die nachstehende Übersicht bei der Berechnung der Mengen. Bei den Rezepten ist jeweils angegeben, ob es sich um ein Amuse-Gueule, eine Vorspeise, ein Hauptgericht, einen Salat oder ein Dessert handelt, und im Register am Ende des Buches sind alle Rezepte noch einmal nach diesen Kategorien aufgelistet.

Für 10–12 Personen:

3 Vorspeisen
2 Hauptgerichte
2 Desserts
1 Amuse-Gueule (12 Teile)
2 Salate (1 Blattsalat und 1 gemischter Salat)
3 Beilagen

Für 12–15 Personen:

3 Vorspeisen
2 Hauptgerichte
3 Desserts
1 Amuse-Gueule (15 Teile)
2 Salate (1 Blattsalat und 1 gemischter Salat)
3 Beilagen

Für 15–20 Personen:

4 Vorspeisen
3 Hauptgerichte
3 Desserts
2 Amuse-Gueules (20 Teile)
3 Salate (1 Blattsalat und 2 gemischte Salate)
3 Beilagen

Für 20–25 Personen:

4 Vorspeisen
4 Hauptgerichte
3 Desserts
2 Amuse-Gueules (25 Teile)
4 Salate (2 Blattsalate und 2 gemischte Salate)
3 Beilagen

Für 25–30 Personen:

4 Vorspeisen
4 Hauptgerichte
4 Desserts
3 Amuse-Gueules (30 Teile)
5 Salate (3 Blattsalate und 2 gemischte Salate)
3 Beilagen

Die Rezepte sind immer für sechs Personen berechnet. Wenn Sie also beispielsweise ein Buffet für 12 Personen zusammenstellen wollen, für das Sie drei Vorspeisen benötigen, können Sie entweder drei verschiedene Vorspeisen anbieten oder Sie beschränken sich auf eine Vorspeise und nehmen bei der Zubereitung die dreifache Zutatenmenge.

Das A und O: eine gute Planung

> Mit einer guten Planung legen Sie bereits den Grundstein für das Gelingen Ihrer Feier.

> Die Einladungen sollten zwei Wochen im Voraus verschickt werden, damit Sie sichergehen können, dass Ihre Freunde auch kommen. Schnell und günstig geht das per E-Mail.

> Stellen Sie eine genaue Einkaufsliste zusammen und überprüfen Sie, ob Sie alles im Haus haben, was Sie für die Zubereitung der Speisen benötigen.

> Denken Sie daran, das Brot bei Ihrem Bäcker vorzubestellen.

> Schaffen Sie Platz im Kühlschrank.

> Bereiten Sie alles, soweit möglich, schon morgens vor: Tische aufstellen, Geschirr bereitstellen, die Küche vorbereiten.

> Stellen Sie unter jeden Tisch einen Abfalleimer.

> Lagern Sie die Eiswürfel in einem Plastikbeutel im Gefrierfach.

> Halten Sie Vasen bereit, falls Ihre Gäste Blumen mitbringen.

> Stellen Sie – auch im Garten – genügend Aschenbecher für die Raucher auf und halten Sie einige Schachteln Zigaretten und Streichhölzer oder Feuerzeuge für vergessliche Gäste bereit.

> Räumen Sie die Garderobe frei oder schaffen Sie in einem Zimmer Platz für die Jacken und Mäntel Ihrer Gäste.

> Denken Sie an Gästehandtücher und kleine Seifen im Badezimmer. Und vielleicht haben Sie ja auch noch ein paar Parfümpröbchen.

> Zünden Sie die Kerzen kurz an, um das Wachs vom Docht zu entfernen. Sie lassen sich dann leichter anzünden, wenn die Gäste eintreffen. Überlegen Sie genau, wo Sie die Kerzen am besten aufstellen.

> Stellen Sie eine Auswahl Ihrer CDs zusammen (die Musik darf sich im Laufe des Abends etwas steigern), und informieren Sie Ihre Nachbarn, damit nicht unverhofft die Polizei vor der Tür steht!

Fingerfood-Buffet

Sandwichs

Amuse-Gueule für 6 Personen

14 Scheiben Weizen- oder Vollkorntoast
14 Kirschtomaten
7 Holzspieße

Mit Frühstücksspeck
100 g Frühstücksspeck, in feine Streifen geschnitten
2 Eier, hartgekocht und zerdrückt
2 EL Mayonnaise
2 Stängel Schnittlauch, fein geschnitten
Salz & Pfeffer

Mit Thunfisch
1 Dose Thunfisch im eigenen Saft, abgetropft
125 g Frischkäse
1 EL Mayonnaise
1 Tomate, fein gewürfelt
1 Salatblatt, in feine Streifen geschnitten
Salz & Pfeffer

Mit Räucherlachs
200 g Räucherlachs, fein gewürfelt
2 EL Crème double*
1 TL Meerrettich
1 TL gehackter Dill
Pfeffer

Mit Schinken oder Hähnchenfleisch
2 Scheiben Schinken oder gekochte Hähnchenbrust, in Stücke geschnitten
125 g Frischkäse mit Kräutern
1 Karotte, gerieben
Salz & Pfeffer

Planung: Die Sandwichs können bereits 1 Std. im Voraus zubereitet werden.

Das Brot leicht toasten.
Die Zutaten für die verschiedenen Beläge miteinander vermengen.
Den Belag jeweils auf einer Brotscheibe verteilen und eine zweite darauflegen.
Die Brote zweimal diagonal halbieren, sodass vier dekorative Dreiecke entstehen, und je vier Sandwichs auf einen Spieß stecken. Die Enden der Spieße jeweils mit einer Kirschtomate verzieren.

Sophies Tipp

Sandwichs lassen sich auch aus halbierten Milchbrötchen herstellen. / Legen Sie die Spieße dekorativ auf zwei Kaffeetassen auf.

Knusprige Teigtaschen

12 Brick-Blätter*
1 Zwiebel
250 g Hackfleisch
oder 1 Dose Thunfisch in Öl
2 EL gehackte Petersilie
Salz & Pfeffer
250 ml Sonnenblumenöl
120 g geriebener Emmentaler
2 Msp. Kreuzkümmel

Amuse-Gueule
für 6 Personen

Planung: *Die Teigtaschen möglichst erst kurz vor dem Servieren zubereiten, da sie sonst weich werden, und gegebenenfalls im Backofen bei 120 °C (100 °C Umluft) warm halten.*

Die Zwiebel schälen und fein hacken. Das Fleisch oder den Thunfisch in einer Schüssel mit der Zwiebel und der Petersilie vermengen und mit Salz und Pfeffer würzen. In einer Pfanne 1 EL Öl erhitzen und die Farce 3 Min. bei mittlerer Hitze darin anbraten. Anschließend wieder in die Schüssel geben und den Käse und den Kreuzkümmel untermischen.
Ein Brick-Blatt auf einen Teller legen und die Ränder so einschlagen, dass ein Quadrat entsteht. 1 EL Füllung in die Mitte geben und das Brick-Blatt zu einem Dreieck verschließen.
Das restliche Öl in einer Pfanne erhitzen. Die Teigtasche vorsichtig in das heiße Fett gleiten lassen und 30 Sek. goldbraun frittieren. Mit Hilfe eines Pfannenwenders umdrehen und nochmals 1 Min. frittieren.
Die fertige Teigtasche auf einem mit Küchenpapier ausgelegten Teller abtropfen lassen. Die restlichen Brick-Blätter auf die gleiche Weise zubereiten und die Teigtaschen heiß servieren.

Sophies Tipp

Bevor Sie die Brick-Blätter verschließen, können Sie noch ein Ei über der Füllung aufschlagen.

Tortilla

600 g mehligkochende Kartoffeln
2 Zwiebeln
500 ml Sonnenblumenöl
8 Eier
Salz & Pfeffer

Vorspeise
für 6 Personen

__Planung:__ Die Tortilla kann bereits 12 Std. im Voraus zubereitet und zugedeckt an einem kühlen Ort aufbewahrt werden.

Die Kartoffeln schälen und in etwa 1/2 cm dicke Scheiben schneiden. Die Zwiebeln ebenfalls schälen und in feine Ringe schneiden. Die Kartoffelscheiben mit den Zwiebeln in eine beschichtete Pfanne (28 cm Durchmesser) geben und das Öl angießen, bis die Kartoffeln vollständig mit Öl bedeckt sind. Den Deckel auflegen und das Ganze 20 Min. köcheln lassen. Das Öl anschließend in eine kleine Schüssel abgießen.
Die Eier kräftig verquirlen. Die Kartoffeln und die Zwiebeln in eine Schüssel geben, mit den Eiern vermengen und mit Salz und Pfeffer würzen.
Die Pfanne 2 mm hoch mit dem abgegossenen Öl füllen, das Öl erhitzen und die Kartoffel-Zwiebel-Mischung 10 Min. bei geringer Hitze anbräunen.
Die Tortilla, sobald sie unten eine schöne goldbraune Farbe angenommen hat, auf einen Teller gleiten lassen. Erneut etwas Öl in die Pfanne geben und die Tortilla nochmals 10 Min. auf der anderen Seite anbräunen.
Die fertige Tortilla auf eine Platte geben, in Quadrate schneiden und heiß oder kalt servieren.

Sophies Tipp

Verfeinern Sie die Tortilla, die sich übrigens auch als Sandwichbelag eignet, mit Schinken, Thunfisch oder Käse.

Kartoffel-Canapés

10 festkochende Kartoffeln
(z. B. Roseval)
100 g Foie gras (Stopfleber von Gänsen oder Enten),
in Scheiben geschnitten
1 kleine Dose echter oder falscher Kaviar
1 kleine Dose Lachsrogen oder
150 g Räucherlachs
6 Tiefseegarnelen oder
50 g Räucherhering

Amuse-Gueule
für 6 Personen

Planung: *Die Kartoffeln können bereits 12 Std. im Voraus gekocht werden. Schneiden und garnieren Sie die Kartoffelscheiben 1 Std. vor dem Servieren und stellen Sie die fertigen Canapés kühl.*

Die ungeschälten, gewaschenen Kartoffeln 20 Min. in einer Kasserolle mit Salzwasser garen. Anschließend abgießen, unter fließendem kaltem Wasser abschrecken und in etwa 1 cm dicke Scheiben schneiden.
Die Kartoffelscheiben mit den verschiedenen Garnituren belegen und auf einer Platte oder nach Belag sortiert auf einzelnen Tellern anrichten.

Sophies Tipp

Achten Sie darauf, dass die Kartoffeln möglichst die gleiche Größe haben, sonst sind die kleinen bereits weich, während die größeren noch nicht gar sind.

Bunte Spieße

Amuse-Gueule
für 6 Personen

Mit Banane und Entenbrustfilet
6 Bananen
18 Scheiben geräuchertes Entenbrustfilet
20 g Butter
6 Holzspieße

Mit Schinken und Feigen
6 Scheiben Serranoschinken
3 frische Feigen
6 Salbeiblätter
6 Holzspieße

Mit Lachs und Schnittlauch
6 Grissini
125 g Frischkäse
6 dünne Scheiben Räucherlachs
6 lange Schnittlauchstängel

Planung: *Die Spieße können 1 Std. im Voraus zubereitet werden.*

Für die Bananen-Entenbrust-Spieße die Bananen schälen und dritteln. Jedes Bananenstück mit einer Scheibe Entenbrustfilet umwickeln und jeweils drei Bananenstücke auf einen Spieß stecken. Die Butter in einer Pfanne erhitzen und die Spieße 6 Min. bei geringer Hitze goldbraun braten.
Für die Schinken-Feigen-Spieße die Schinkenscheiben jeweils in sechs dünne Streifen schneiden und die Feigen vierteln. Auf jeden Spieß sechs Schinkenstreifen und zwei Feigenviertel stecken und mit einem Salbeiblatt abschließen.
Für die Lachs-Schnittlauch-Spieße die Grissini mit dem Frischkäse bestreichen, mit je einer Scheibe Lachs umwickeln und diese mit einem Schnittlauchstängel festbinden.

Sophies Tipp

Weichen Sie die Holzspieße vor dem Gebrauch immer in Wasser ein. Sie werden dann glatter. / Servieren Sie die Spieße in kleinen, schmalen Vasen oder hohen Gläsern.

Tomaten mit Thunfischcreme

12 kleine, runde Tomaten
Salz
2 Dosen Thunfisch im eigenen Saft (à 140 g)
3 EL Mayonnaise
10 Basilikumblätter, fein geschnitten
Pfeffer

Vorspeise
für 6 Personen

Planung: Die Tomaten können bereits 6 Std. im Voraus zubereitet und zugedeckt im Kühlschrank aufbewahrt werden.

Bei den Tomaten unterhalb des Stielansatzes einen Deckel abschneiden und die Kerne mit einem Teelöffel herausschaben. Die Tomaten vorsichtig drücken, damit sie ihre Flüssigkeit abgeben. Die Tomaten innen mit etwas Salz bestreuen und umgedreht auf Küchenpapier stellen, um die Flüssigkeit vollständig abtropfen zu lassen.
Den Thunfisch abtropfen lassen, in einer kleinen Schüssel mit der Mayonnaise und dem Basilikum vermengen und mit Salz und Pfeffer würzen.
Die Tomaten großzügig mit der Thunfischcreme füllen, die Deckel auflegen und die Tomaten in den Kühlschrank stellen.

Sophies Tipp

Den Thunfisch durch 250 g fein gewürfelten Räucherlachs und das Basilikum durch Schnittlauch ersetzen.

Tartelettes mit Früchten

Für den Mürbeteig
125 g weiche Butter
125 g Puderzucker
1 Prise Salz
1 Ei
250 g Mehl
oder 1 Portion backfertiger Mürbeteig
Butter für die Form

Für den Belag
6 EL Konditorcreme
(ggf. Vanillepudding)
frische Früchte
(Erdbeeren, Himbeeren …)
oder Dosenfrüchte
(Pfirsiche, Ananas …)
Minzeblätter

Dessert
ergibt 24 Stück

Planung: Der Mürbeteig kann 3 Tage im Voraus zubereitet und in Alufolie eingeschlagen im Kühlschrank gelagert werden. Garnieren Sie die Tartelettes 3 Std. vor Ankunft der Gäste und stellen Sie sie zugedeckt in den Kühlschrank.

Die Butter mit dem Zucker, dem Salz und dem Ei in eine Schüssel geben und alles mit einem Kochlöffel vermengen. Das Mehl auf einmal dazugeben und die Zutaten mit den Händen verkneten. Den Teig zu einer Kugel formen, in Frischhaltefolie einschlagen und 1 Std. im Kühlschrank ruhen lassen.
Den Backofen auf 180 °C (Umluft 160 °C) vorheizen.
Eine gefettete Muffinform mit 12 Vertiefungen mit dem Teig auskleiden. Den Teig mit einer Gabel einstechen, mit Alufolie abdecken und 8 Min. backen. Die Böden anschließend aus dem Ofen nehmen und abkühlen lassen.
Die Böden mit Konditorcreme bestreichen, die Früchte darauf verteilen und mit Minzeblättern garnieren.

Sophies Tipp

Wenn Sie einen Korken in Ihren Obstkorb legen, halten sich die Früchte länger.

Sellerie mit Roquefortcreme

Amuse-Gueule
für 6 Personen

2 Stangen Sellerie
200 g Roquefort
20 g Walnusskerne
100 g Crème double*
1 EL Cognac
frisch gemahlener Pfeffer
12 schwarze Oliven

Planung: *Dieses Amuse-Gueule kann 12 Std. im Voraus zubereitet und zugedeckt im Kühlschrank aufbewahrt werden.*

Die Walnusskerne fein hacken.
Den Roquefort in einer Schüssel mit einer Gabel zerdrücken und mit der Crème double, den Nüssen und dem Cognac vermengen. Mit Pfeffer würzen und noch einmal gut umrühren.
Den Sellerie waschen und trockentupfen. Die Stangen der Länge nach halbieren und die Roquefortcreme in die Vertiefungen füllen. Die Stangen in etwa 6 cm lange Stücke schneiden und mit den schwarzen Oliven garnieren.

Sophies Tipp

Anstelle des Stangenselleries können Sie auch Chicoréeblätter mit der Roquefortcreme füllen.

Und das sollte auch nicht fehlen

Ich serviere dieses Buffet gerne bei etwas größeren Aperitif-Einladungen. Dazu reiche ich in der Regel Champagner, manchmal aber auch zwei verschiedene Cocktails – einen mit und einen ohne Alkohol. Auf Saucen kann bei diesem Buffet verzichtet werden. Gelegentlich biete ich zusätzlich Tortillachips mit einer Guacamole an.*

> Piña Colada

Für 10 Cocktails
40 cl weißer Rum
10 Tropfen Angostura
400 ml Ananassaft
20 cl Crème de Coco
8 Eiswürfel

Rum, Angostura, Ananassaft und Crème de Coco 5 Sek. im Mixer verrühren. Die Eiswürfel dazugeben und das Ganze nochmals 5 Sek. mixen, um das Eis etwas zu zerkleinern. Den Cocktail in die Gläser füllen und mit Strohhalmen servieren.

> Ambre

Für 10 Cocktails
200 ml Limettensaft
500 ml Guavensaft
400 ml Orangensaft
400 ml Mangosaft
20 Eiswürfel

Den Limettensaft in eine Karaffe gießen. Dann nacheinander den Guaven-, den Orangen- und den Mangosaft dazugeben. Umrühren und die Eiswürfel hinzufügen. Die Ränder der Gläser zum Verzieren mit Zitronensaft befeuchten und danach in Zucker, Vanillezucker oder Kakaopulver tauchen.

Dekorationstipp: Cocktailspieße

Für die Amuse-Gueules gibt es nichts Praktischeres als die kleinen Spieße, die hier mit aufgeklebten Holzperlen verziert wurden. Sie können aber auch mit kleinen, aus farbigem Papier ausgeschnittenen Fähnchen, mit Stoffblümchen (in Kurzwarengeschäften erhältlich) oder dünnen farbigen Drähten, die man spiralförmig um die Spieße wickelt, aufgepeppt werden.
Wählen Sie dabei unterschiedliche Farben, damit sich jeder Gast »seine« Farbe aussuchen kann.
Die Cocktailspieße können Sie zum Beispiel in ein Brot stecken oder in Likörgläser stellen.

Die kleinen Finessen des Buffets

Dieses Aperitifbuffet zeichnet sich durch seine Schlichtheit aus. Sämtliche Speisen können ohne Besteck gegessen werden. Papierservietten sind hier ein Muss.
Ich habe mich für rechteckige und quadratische Teller und Platten in unterschiedlichen Größen im japanischen Stil entschieden, die ich symmetrisch auf dem Tisch angeordnet habe.
Die Spieße können auf Platten oder in hohen, schmalen Blumenvasen angerichtet oder aber wie hier auf zwei Kaffeetassen aufgelegt werden.
Die Cocktails werden in flachen Schalen, Sektkübeln, Kupferkesseln oder auch in einer großen, mit Krepppapier dekorierten Salatschüssel serviert.
Anstelle von Blumen habe ich Stechpalmenblätter genommen, die ich in Ton- und Zinktöpfe gesteckt habe.

Vegetarisches Buffet

Hummus

1 große Dose naturbelassene Kichererbsen
1 Knoblauchzehe
5 EL Olivenöl
Saft einer Zitrone
Salz
1 TL Paprikapulver
6 entsteinte schwarze Oliven

Vorspeise
für 6 Personen

Planung: Das Hummus kann 24 Std. im Voraus zubereitet werden.

Die Kichererbsen in ein Sieb abgießen und unter fließendem Wasser abspülen.
Anschließend mit der geschälten Knoblauchzehe, 3 EL Olivenöl, dem Zitronensaft und 1 Prise Salz 20 Min. im Mixer pürieren, bis eine dicke, glatte Paste entstanden ist.
Das Hummus noch einmal abschmecken und in eine dekorative Schale füllen. Die Oberfläche mit dem Löffelrücken glatt streichen, mit Paprikapulver bestreuen und mit einer dünnen Schicht Öl bedecken. Mit den schwarzen Oliven garnieren, die Schüssel abdecken und in den Kühlschrank stellen.

Sophies Tipp

Wenn Sie keinen Mixer besitzen, drücken Sie die Kichererbsen und den Knoblauch einfach durch die Kartoffelpresse und vermengen das Püree anschließend mit den restlichen Zutaten. / Servieren Sie dazu geröstete Brotscheiben, die Sie rund um die Schüssel anrichten.

Erfrischende Gurkensuppe

2 Salatgurken
2 Becher cremiger Naturjoghurt (à 150 g)
100 g Crème double*
500 ml Milch
1 Knoblauchzehe (nach Belieben)
12 Minzeblätter
Salz & Pfeffer

Vorspeise
für 6 Personen

Planung: *Die Gurkensuppe wird sehr kalt serviert. Sie sollte deshalb im Voraus zubereitet und 1 bis höchstens 3 Std. im Kühlschrank gekühlt werden.*

Die Gurken schälen und in etwa 1 cm große Würfel schneiden.
Die Hälfte der Gurkenwürfel mit dem Joghurt, der Crème double, der Milch, der geschälten Knoblauchzehe, 10 Minzeblättern, Salz und Pfeffer 10 Sek. im Mixer pürieren. Die restlichen Gurkenwürfel dazugeben und noch einmal abschmecken.
Die Suppe in eine Karaffe (1 Liter Fassungsvermögen) füllen, zudecken und in den Kühlschrank stellen.
Die Suppe vor dem Servieren vorsichtig mit einem Schneebesen durchrühren, mit den restlichen Minzeblättern garnieren und in der Karaffe mit einer dekorativen Suppenkelle servieren.

Sophies Tipp

Besonders dekorativ sieht es aus, wenn Sie eine Salatgurke in die Karaffe stellen. Kürzen Sie sie etwas, damit sie nur einige Zentimeter aus der Suppe herausragt, und schneiden Sie dieses Ende kreuzweise ein, sodass sie sich wie eine Blüte öffnet.

Chakchouka

2 rote Paprikaschoten
2 grüne Paprikaschoten
6 Tomaten
15 g Zucker
Salz
200 ml Sonnenblumenöl

Vorspeise
für 6 Personen

Planung: Das Chakchouka kann 24 Std. im Voraus zubereitet werden.

Den Backofen auf 240 °C (Umluft 220 °C) vorheizen.
Die Stielansätze der Paprikaschoten herausschneiden und die Schoten etwa 15 Min. in den Backofen legen, bis die Schale dunkel wird und Blasen wirft. Die Haut abziehen, die Kerne entfernen und das Fruchtfleisch in schmale Streifen schneiden.
Die Tomaten blanchieren, häuten, entkernen und fein würfeln.
Die Paprikastreifen mit den Tomatenwürfeln in eine Pfanne geben. Den Zucker hinzufügen und mit Salz würzen. Das Gemüse mit Öl bedecken und bei geringer Hitze unter gelegentlichem Rühren 90 Min. köcheln lassen.
Am Ende der Kochzeit darf an der Oberfläche kein Öl mehr zu sehen sein.
Das Chakchouka abkühlen lassen, zudecken und in den Kühlschrank stellen.

Sophies Tipp

Wenn Sie wenig Zeit haben, nehmen Sie einfach geschälte Tomaten und Paprikaschoten aus der Dose. / Ich serviere das Chakchouka mit Mokkalöffeln in Eierbechern oder Mokkatassen.

Zucchinikuchen mit Sauerampfer

4 mittelgroße Zucchini
1/2 Bund Sauerampfer
2 EL Olivenöl
Salz & Pfeffer
4 Eier
3 EL Crème double*
200 g geriebener Emmentaler
Butter für die Form

Hauptgericht
für 6 Personen

Planung: *Der Zucchinikuchen kann 24 Std. im Voraus gebacken werden.*

Den Backofen auf 180 °C (Umluft 160 °C) vorheizen.
Die Zucchini waschen und ungeschält in 1/2 cm dicke Scheiben schneiden.
Den Sauerampfer waschen und die Stielenden entfernen. Das Öl in einer Pfanne erhitzen und die Zucchinischeiben 5 Min. darin andünsten.
Den Sauerampfer dazugeben und das Ganze weitere 5 Min. braten.
Anschließend mit Salz und Pfeffer würzen.
Die Eier über einer Schüssel aufschlagen und kräftig verquirlen. Die Crème double und den Emmentaler untermischen und mit Salz und Pfeffer abschmecken. Die Zucchini und den Sauerampfer hinzufügen und alles mit einer Gabel vermengen. Die Zutaten dabei etwas zerdrücken.
Eine Charlottenform* (18 cm Durchmesser) oder eine Rundform mit der Butter einfetten. Die Gemüse-Ei-Mischung hineingeben, die Form in ein Wasserbad stellen und den Kuchen 45 Min. backen.
Anschließend abkühlen lassen. Den erkalteten Kuchen mit einem Teller abdecken und in den Kühlschrank stellen. Den Zucchinikuchen erst unmittelbar vor dem Servieren aus der Form stürzen.

Sophies Tipp

Der Zucchinikuchen lässt sich leichter aufschneiden, wenn Sie das Messer zuvor in heißes Wasser tauchen.

Auberginenkaviar

Vorspeise
für 6 Personen

4 mittelgroße Auberginen
1 Zwiebel
Salz & Pfeffer
40 g Butter
2 Msp. getrockneter Thymian
20 g geriebener Parmesan

) *Planung: Der Auberginenkaviar kann 24 Std. im Voraus zubereitet werden.*

Den Backofen auf 200 °C (Umluft 180 °C) vorheizen.
Die Auberginen einzeln in Alufolie wickeln und 20 Min. in den Backofen legen. Die Alufolie anschließend entfernen und die Auberginen etwas abkühlen lassen, bis sie lauwarm sind.
In der Zwischenzeit die Zwiebel schälen und hacken.
Die Auberginen halbieren. Das Fruchtfleisch mit einem Löffel herausschaben, mit einer Gabel zu Brei zerdrücken und mit Salz und Pfeffer würzen.
Die Butter bei geringer Hitze in einer Pfanne zerlassen und die Zwiebel 5 Min. darin anschwitzen. Das Auberginenpüree dazugeben und das Ganze 10 Min. köcheln lassen.
Den Thymian und den geriebenen Parmesan darüberstreuen, umrühren und abkühlen lassen. Den erkalteten Auberginenkaviar abdecken und in den Kühlschrank stellen.

Sophies Tipp

Richten Sie den Auberginenkaviar in Eierbechern oder Espressotassen an und verteilen Sie diese abwechselnd mit dem Chakchouka auf dem Buffet. / Reichen Sie dazu Toast.

Auberginen mit Käsefüllung

3 mittelgroße Auberginen
Salz
1 Zwiebel
1 EL Olivenöl
Salz & Pfeffer
300 g Cantal*, Comté*
oder Mozzarella

1 EL gehackte Petersilie
1 EL gehacktes Bohnenkraut

Hauptgericht
für 6 Personen

Planung: Die gefüllten Auberginen können 24 Std. im Voraus zubereitet werden.

Den Backofen auf 180 °C (Umluft 160 °C) vorheizen.
Die Auberginen waschen und ungeschält der Länge nach halbieren. Das Fruchtfleisch mit einem Teelöffel herausschaben und dabei einen gleichmäßigen, 5 mm breiten Rand stehen lassen. Die Auberginenhälften innen mit Salz bestreuen und umgedreht 1 Std. in einem Sieb abtropfen lassen.
Inzwischen die Zwiebel schälen und mit dem Auberginenfruchtfleisch hacken.
Das Öl in einer Pfanne erhitzen und die Zwiebel-Auberginen-Mischung 5 Min. darin anschwitzen. Anschließend mit Salz und Pfeffer würzen.
Den Käse in 1 cm große Würfel schneiden und zu der Gemüsemischung geben.
Die Kräuter darüberstreuen und umrühren.
Die Auberginenhälften vorsichtig ausdrücken, um ihnen die Flüssigkeit möglichst vollständig zu entziehen. Anschließend in eine geölte Gratinform legen und mit der Käsemischung füllen.
Die Auberginen mit Alufolie abdecken und in den Kühlschrank stellen. Vor dem Servieren die Form aus dem Kühlschrank nehmen und die Auberginen 30 Min. im Backofen überbacken.

Sophies Tipp

Setzen Sie beim Zwiebelschneiden eine Taucherbrille auf, damit Sie nicht weinen müssen.

Pilzomelettes

500 g Pilze (Pfifferlinge, Herbsttrompeten ...)
20 g Butter
1 Schalotte, gehackt
1 EL gehackte Petersilie
Salz & Pfeffer
3 Eier
2 EL Sonnenblumenöl

Vorspeise
ergibt 12 Stück

Planung: Die Pfannkuchen können 3 Std. im Voraus zubereitet und 15 Min. vor dem Servieren in Alufolie verpackt bei 180 °C (Umluft 160 °C) im Backofen aufgewärmt werden.

Eine beschichtete Pfanne bei starker Hitze vorwärmen.
Die Pilze kurz unter fließendem kaltem Wasser waschen (dabei darauf achten, dass sie sich nicht vollsaugen) und mit Küchenpapier trockentupfen.
Die Butter in der heißen Pfanne zerlassen und die Pilze 5 bis 10 Min. darin anbraten, bis die Flüssigkeit, die sie abgeben, vollständig verdunstet ist.
Die Schalotte und die Petersilie hinzufügen, umrühren und mit Salz und Pfeffer würzen.
Die Eier über einer Schüssel aufschlagen, kräftig verquirlen und die Pilz-Zwiebel-Mischung unterrühren. Anschließend noch einmal abschmecken.
Die Pfanne mit Küchenpapier ausreiben und das Öl darin erhitzen.
Die Pilz-Ei-Mischung mit einer kleinen Schöpfkelle in die Pfanne gießen und zu kleinen Omelettes verstreichen. Die Omelettes 2 Min. braten, mit einem Pfannenwender umdrehen und weitere 2 Min. auf der anderen Seite braten.
Den Vorgang so lange wiederholen, bis der Teig vollständig aufgebraucht ist.

Sophies Tipp

Damit die Butter in der heißen Pfanne nicht spritzt, einfach eine Prise Salz dazugeben.

Marinierte Tomaten

4 runde Tomaten oder
6 Eiertomaten
6 große Champignons
Saft einer Zitrone
250 g Büffelmozzarella
50 g in Essig eingelegte Kapern
4 EL Olivenöl
8 Basilikumblätter, fein geschnitten
Salz & Pfeffer

Vorspeise
für 6 Personen

Planung: Die marinierten Tomaten können 1 Std. im Voraus zubereitet werden.

Die Tomaten waschen und in etwa 1/2 cm dicke Scheiben schneiden. Die Champignons kurz unter fließendem kaltem Wasser waschen und die erdigen Stielenden abschneiden. Die Pilze vierteln und mit der Hälfte des Zitronensafts beträufeln.
Den Mozzarella ebenfalls in etwa 1/2 cm dicken Scheiben schneiden.
Die Kapern abtropfen lassen, in ein kleines Glas oder Auflaufförmchen geben und in die Mitte einer flachen Servierschale stellen.
Die Tomaten-, Champignon- und Mozzarellascheiben fächerförmig in der Schale anrichten und mit dem restlichen Zitronensaft und dem Olivenöl beträufeln. Das Basilikum darüberstreuen und mit Salz und Pfeffer würzen.
Die Schale mit Alufolie abdecken und in den Kühlschrank stellen.

Sophies Tipp

Man kann die Zutaten noch auf eine andere, ebenso leckere Art zubereiten: Dazu 6 große Scheiben Landbrot mit den Tomaten-, Champignon- und Mozzarellascheiben belegen, mit Öl und Zitronensaft beträufeln und 5 Min. unter den Backofengrill schieben.

Und das sollte auch nicht fehlen

Servieren Sie zu diesem Buffet noch etwas knackiges Gemüse, das man roh mit etwas Salz knabbern kann. Zu einem besonderen Blickfang für Ihren Tisch wird diese einfache, leckere Knabberei, wenn Sie das Gemüse zu einer Pyramide aufschichten. Außerdem reiche ich zwei Saucen dazu.

> Gemüsepyramide

Bis auf grüne Bohnen, Kartoffeln und Auberginen kann man jedes Gemüse roh verzehren. Im Handel werden mehr und mehr »Mini-Gemüse« (Tomaten, Chicorée, Blumenkohl, Radieschen …) angeboten, die Sie in einem dekorativen Korb, den Sie mit einem Geschirrtuch auslegen, anrichten können. Oder Sie spießen das Gemüse auf Zahnstocher auf und stecken diese in einen Kohlkopf oder ein großes, rundes Brot. Und denken Sie daran, Salz und Butter dazuzustellen.

> Mayonnaise mit Ketchup

2 zimmerwarme Eigelb
1 TL Dijonsenf
300 ml Sonnenblumenöl
Salz & Pfeffer
2 EL Ketchup

Das Eigelb in einer Schüssel kräftig mit dem Senf verquirlen und dann 1 Min. ruhen lassen. Das Öl unter ständigem Rühren mit einem Schneebesen nach und nach hinzugießen. Mit Salz und Pfeffer abschmecken und zum Schluss den Ketchup unterrühren.

> Joghurtmayonnaise

2 Eigelb
2 TL Kräutersenf
2 Becher Naturjoghurt (à 150 g) oder 200 g Quark
Salz & Pfeffer
Verschiedene frische Kräuter (Schnittlauch, Petersilie …) oder Gewürze (Kreuzkümmel, Knoblauch, Curry …)

Das Eigelb in einer Schüssel mit dem Senf verrühren. Den Joghurt oder Quark untermischen, mit Salz und Pfeffer abschmecken und zum Schluss die fein gehackten Kräuter oder Gewürze Ihrer Wahl unterheben.

Dekorationstipp: Tischsets

Mit ein wenig Phantasie können Sie aus Blättern, die Sie im Wald oder in Ihrem Garten gesammelt haben, Tischsets und Untersetzer zaubern. Schneiden Sie dazu einfach die gewünschte Form aus Pappe aus und kleben die Blätter auf.
Auch andere Materialien wie lackiertes, geflochtenes Peddigrohr, Bambusblätter oder Holz lassen sich hierzu verwenden.
Oder Sie schneiden aus buntem Papier zu Ihrem Buffet passende Motive aus: Kastanienblätter für das vegetarische Buffet, Fische für das maritime Buffet …

Die kleinen Finessen des Buffets

Für dieses »Natur«-Buffet habe ich ausschließlich Dekorationselemente aus der Natur verwendet.
Anstelle einer Tischdecke wurde ein Moosteppich in die Mitte des Tisches gelegt.
Preiswerte Dekorationselemente sind auch Blätter, Efeu, Moos, Kieselsteine, Tannenzapfen, Haselnüsse, Kastanien …
Die Servietten, die farblich auf das Buffet abgestimmt sind, werden von Schnittlauchstängeln zusammengehalten.
Zwischen den Mooskissen habe ich kleine farbige Teelichte verteilt.
Gut passen zu diesem rustikalen Buffet auch Garten- und Wiesenblumen oder Zweige mit Blättern, die man in Vasen oder Töpfe aus Ton stellt.
Das Brot wird in Dämpfkörben aus Bambus serviert, die mit großen Blättern ausgelegt wurden.

Maritimes Buffet

Goldbrasse mit frischen Früchten

2 Goldbrassen à 400 g (mit Kopf, vom Fischhändler ausgenommen)
3 Früchte Ihrer Wahl (Pfirsiche, Äpfel, Orangen, Trauben, Kiwis …)
100 g rote Früchte (Himbeeren, schwarze Johannisbeeren …)
2 EL Olivenöl
2 Msp. getrocknete Fenchelsamen
Saft einer Zitrone
5 cl Pastis
grobes Meersalz
frisch gemahlener Pfeffer

Hauptgericht für 6 Personen

Planung: Die Goldbrasse kann heiß oder kalt serviert werden. Sie kann 12 Std. im Voraus zubereitet und bei Zimmertemperatur aufbewahrt werden, muss dann aber kalt gegessen werden, da sie nicht aufgewärmt werden darf.

Den Backofen auf 180 °C (Umluft 160 °C) vorheizen.
Das Öl in eine feuerfeste Form geben. Die Fische am Schwanz fassen und von beiden Seiten durch das Öl ziehen und in die Form legen.
Die Früchte gegebenenfalls schälen. Große Früchte in Scheiben oder in etwa 1/2 cm große Würfel schneiden.
Die Früchte und den Fenchel in und um die Fische verteilen, den Zitronensaft und den Pastis darübergießen und mit Salz und Pfeffer würzen.
Die Goldbrassen 30 Min. im Backofen garen und dabei von Zeit zu Zeit mit der Bratflüssigkeit begießen.
Die fertigen Goldbrassen auf einer Fischplatte oder kalt auf einem Holzbrett anrichten.

Sophies Tipp

Um festzustellen, ob ein Fisch durch und durch gar ist, mit der Spitze eines Messers in das Fleisch stechen. Ist die Messerspitze warm, ist der Fisch gar. Ist sie kalt, muss er weiter gegart werden. / Die Goldbrasse mit frischen Früchten kann auch in Alufolie gegart werden.

Fischtopf

6 Jakobsmuscheln
500 g Seeteufel
2 Kabeljaufilets
2 Merlanfilets
4 Karotten
2 Stangen Lauch
(nur die weißen Teile)

6 festkochende Kartoffeln
6 weiße Rübchen
1/2 Bund Kerbel
1 l Fischfond
frisch gemahlener Pfeffer

Hauptgericht
für 6 Personen

Planung: Der Fischtopf kann 24 Std. im Voraus zubereitet und vor dem Servieren 5 Min. bei mittlerer Hitze im Kochtopf erhitzt werden.

Das Gemüse und die Kartoffeln schälen (soweit nötig), putzen und in etwa 1 cm große Würfel bzw. den Lauch in Ringe schneiden.
Den Kerbel waschen und die Stielenden entfernen. Die Fischstücke in mundgerechte Stücke schneiden.
Den Fischfond in einem Topf zum Kochen bringen und das Gemüse 10 Min. darin garen. Den Fisch und die Jakobsmuscheln dazugeben und das Ganze weitere 6 Min. kochen lassen.
Die abgezupften Kerbelblättchen hinzufügen, mit Pfeffer abschmecken und die Suppe in einer Suppenterrine servieren.

Sophies Tipp

Damit langes Gemüse, wie zum Beispiel Karotten, seine Vitamine nicht verliert, sollte man es der Länge nach schneiden. / Im Handel werden ausgezeichnete Instant-Fisch-, Kalbs- oder Geflügelfonds angeboten.

Skandinavische Fischplatte

Vorspeise
für 6 Personen

50 g Lachsrogen
50 g roter und schwarzer Seehasenrogen
500 g geräuchertes Lachsfilet
250 g geräuchertes Heilbuttfilet
150 g geräuchertes Heringsfilet
3 Zitronen

Planung: *Die Fischplatte kann 2 Std. im Voraus angerichtet und mit Alufolie abgedeckt an einem kühlen Ort gelagert werden.*

Den Fischrogen auf Likörgläser oder Auflaufförmchen verteilen und diese auf einem großen Teller oder einer Platte anrichten.
Die Fischfilets rundherum verteilen.
Die Zitronen halbieren und die Platte damit garnieren.

Sophies Tipp

Zu diesem skandinavischen Fischteller können Sie noch eine Schale mit Glasschmalz (in Feinkostgeschäften erhältlich) in einer Vinaigrette oder ein Algentatar servieren.*

Marinierter Thunfisch

600 g rote Thunfischsteaks
6 festkochende Kartoffeln
2 EL Olivenöl
grobes Meersalz
frisch gemahlener Pfeffer

Für die Kräutervinaigrette
2 EL Balsamico-Essig
6 EL Olivenöl
Salz & Pfeffer
3 EL fein gehackte frische Kräuter (Estragon, Dill, Schnittlauch, Basilikum …)

Vorspeise
für 6 Personen

Planung: Der marinierte Thunfisch kann 3 Std. im Voraus zubereitet werden.

Die Kartoffeln waschen und 20 Min. in einer Kasserolle in kochendem Salzwasser garen. Danach abgießen und unter fließendem kaltem Wasser abschrecken, damit das Fleisch fest bleibt. Die Kartoffeln pellen, in etwa 1 cm dicke Scheiben schneiden und beiseitestellen.
Das Öl in einer Pfanne erhitzen, die Thunfischsteaks auf beiden Seiten insgesamt 30 Sek. anbraten und anschließend in 1/2 cm dicke Scheiben schneiden.
Die Thunfischscheiben abwechselnd mit den Kartoffelscheiben auf einer Platte anrichten und mit grobem Meersalz und Pfeffer würzen.
Für die Vinaigrette Essig, Öl, Salz, Pfeffer und die Kräuter miteinander verrühren und den Thunfisch und die Kartoffeln damit begießen.

Sophies Tipp

Die Vinaigrette können Sie auch auf kleine Gläser, Eierbecher oder Auflaufförmchen verteilen oder in ein Schälchen füllen, das Sie in die Mitte der Platte stellen. So haben Ihre Gäste die Möglichkeit, die Menge der Sauce selbst zu dosieren.

Lachscarpaccio

600 g frisches Lachsfilet
5 EL Olivenöl
Saft von 2 Zitronen
Saft einer Limette
grobes Meersalz
3 Stängel Dill

Vorspeise
für 6 Personen

*) **Planung:** Das Lachscarpaccio kann 3 Std. im Voraus vorbereitet werden. Marinieren Sie den Lachs aber mindestens 20 Min. vor der Ankunft Ihrer Gäste.*

Die Lachsfilets in etwa 1 cm dicke Scheiben schneiden und auf einer runden Platte, in einer Kastenform oder auf sechs Tellern anrichten.
Für die Marinade das Öl in einer Schüssel mit dem Zitronen- und dem Limettensaft verrühren und mit Salz würzen.
Den Lachs mit der Sauce begießen und mindestens 20 Min. im Kühlschrank durchziehen lassen.
Den Dill mit einer Schere sehr fein schneiden und das Lachscarpaccio unmittelbar vor dem Servieren damit bestreuen.

Sophies Tipp

Frisches Lachsfilet sollte immer in Faserrichtung aufgeschnitten werden.

Jakobsmuschel-Carpaccio mit Curry

Vorspeise
für 6 Personen

18 Jakobsmuscheln
1 EL Sherryessig
3 EL Oliven- oder Walnussöl
1 TL Currypulver
Salz
frisch gemahlener Pfeffer
grobes Meersalz

Planung: *Das Carpaccio kann 6 Std. im Voraus zubereitet werden.*

Für die Vinaigrette den Essig mit dem Öl und dem Curry verrühren und mit Salz und Pfeffer würzen.
Die Jakobsmuschelnüsschen jeweils in drei Scheiben schneiden und fächerförmig in der Mitte einer runden Platte anrichten.
Die Vinaigrette darübergießen, mit etwas grobem Meersalz bestreuen und etwas Pfeffer darübermahlen.

Sophies Tipp

Der dunkle Rand, der die Jakobsmuschelnüsschen umgibt, muss immer entfernt werden. Frische Jakobsmuscheln in Frischhaltefolie einwickeln und im untersten Fach des Kühlschranks lagern. Sie halten sich so bis zu 3 Tage. Tiefgefrorene Jakobsmuscheln kann ich Ihnen nicht empfehlen.

Maritimes Ratatouille

1 kg Miesmuscheln, abgebürstet und gewaschen
2 Scheiben Thunfisch
2 Seelachsfilets
2 Rotbarben
1 kg Tomaten
6 festkochende Kartoffeln
4 weiße Rübchen
2 Auberginen
2 Zucchini
je 1/2 Bund Kerbel, glatte Petersilie und Koriandergrün
2 Zweige Thymian
1 Lorbeerblatt
3 EL Olivenöl
2 Msp. edelsüßes Paprikapulver
5 Knoblauchzehen
grobes Meersalz
frisch gemahlener Pfeffer

Hauptgericht
für 6 Personen

__Planung:__ Das Ratatouille kann heiß oder kalt serviert und 12 Std. im Voraus zubereitet werden. Lassen Sie es nach der Zubereitung bei Zimmertemperatur stehen. Soll es heiß serviert werden, erhitzen Sie es direkt vor dem Servieren 5 Min. bei mittlerer Hitze.

Das Gemüse waschen. Die Kartoffeln und die weißen Rübchen schälen und mit dem übrigen Gemüse in etwa 1 cm dicke Scheiben oder Würfel schneiden. Die Kräuter (bis auf das Lorbeerblatt) fein hacken.
Das Olivenöl in einen großen Koch- oder Schmortopf geben. Den Topfboden mit den Muscheln bedecken. Darauf nacheinander das Gemüse, den Fisch und zum Schluss die Kräuter, die Gewürze und die geschälten Knoblauchzehen geben. Mit Salz und Pfeffer würzen.
Den Deckel auf den Topf setzen und das Ganze 3 Std. bei sehr geringer Hitze köcheln lassen.
Das Ratatouille im Kochtopf, in einer großen, tiefen Schale oder in einer Suppenterrine servieren.

Sophies Tipp

Das Ratatouille kann auch mit jedem beliebigen anderen Fisch und Gemüse zubereitet werden. / Damit Knoblauch besser verdaulich ist, sollte man stets den Keim in der Mitte der Zehe entfernen.

Seehecht im Zwiebelbett

1 Seehecht (ca. 1 kg, küchenfertig)
200 g gelbe oder rote Zwiebeln
800 g festkochende Kartoffeln
grobes Meersalz
frisch gemahlener Pfeffer
3 Msp. gemahlener Thymian
1 Msp. gemahlenes Lorbeerblatt
50 g halbgesalzene Butter (max. 3 % Salz)
2 TL gehackte Petersilie
Butter für die Form

Hauptgericht für 6 Personen

Planung: *Der Seehecht kann heiß oder kalt serviert werden. Das Gericht kann 12 Std. im Voraus zubereitet werden, muss dann aber kalt gegessen werden, da es nicht aufgewärmt werden darf.*

Den Backofen auf 180 °C (Umluft 160 °C) vorheizen.
Die Kartoffeln und die Zwiebeln schälen. Die Kartoffeln in dünne Scheiben, die Zwiebeln in sehr feine Ringe schneiden.
Eine feuerfeste Form mit Butter einfetten. Den Fisch hineinlegen und die Kartoffeln und die Zwiebeln rundherum verteilen. Mit Salz und Pfeffer würzen, mit Thymian und Lorbeer bestreuen und das Ganze mit der zerlassenen gesalzenen Butter beträufeln.
Den Fisch und das Gemüse 30 Min. im Backofen garen und dabei immer wieder mit der Garflüssigkeit begießen.
Mit Petersilie bestreuen und in der Form servieren oder auf einer Servierplatte anrichten.

Sophies Tipp

Der Seehecht kann auch durch einen anderen Fisch, zum Beispiel Goldbrasse oder Kabeljau, ersetzt werden.

Und das sollte auch nicht fehlen

Als Beilage zu diesem Buffet genügt ein Kräutersalat. Er ist einfach zuzubereiten und passt hervorragend zu Fisch. Dazu serviere ich noch zwei Saucen.

Kräutersalat

1/2 Bund Koriandergrün
1/2 Bund Kerbel
1/2 Bund Dill
1/2 Bund Schnittlauch
2 EL Balsamico-Essig
6 EL Olivenöl
3 EL fein gehackte frische Kräuter
(Estragon, Dill, Schnittlauch, Basilikum ...)
Salz & Pfeffer

Den Koriander, den Kerbel und den Dill waschen und die Blätter abzupfen. Den Schnittlauch ebenfalls waschen und fein schneiden. Sämtliche Kräuter miteinander vermischen. Den Essig mit dem Öl, den gehackten Kräutern, Salz und Pfeffer verrühren und die Sauce getrennt zu dem Salat servieren.

Dillsauce

1 Stängel Dill (oder 2 Stängel Schnittlauch)
*250 g Crème double**
Saft einer Zitrone
Salz & Pfeffer

Den Dill mit der Schere fein schneiden. Die Crème double in einer kleinen Schüssel mit dem Zitronensaft und dem Dill verrühren und die Sauce mit Salz und Pfeffer abschmecken. Die Crème double kann zur Hälfte durch Quark ersetzt werden.

Knoblauchsauce

2 zimmerwarme Eigelb
3 Knoblauchzehen, zerdrückt
300 ml Sonnenblumenöl
Salz & Pfeffer

Die Eigelb in einer kleinen Schüssel kräftig mit dem Knoblauch verquirlen. Das Öl nach und nach angießen und dabei mit dem Schneebesen ununterbrochen in eine Richtung rühren. Mit Salz und Pfeffer würzen.

Dekorationstipp: Speisekarte

Die Speisekarte können Sie auf einer Schiefertafel präsentieren, die Sie mit dekorativen Elementen aus der Welt des Meeres oder der Fischerei, etwa Angelhaken oder Ködern, bemalen oder schmücken. Beschreiben Sie die Tafel mit Kreide, so können Sie sie später für ein anderes Buffet wiederverwenden.
Eine eher traditionelle, aber nicht weniger hübsche Form der Präsentation ist der Rahmen, den Sie farblich auf Ihr Buffet abstimmen können. Wenn Sie am Meer wohnen, können Sie den Rahmen natürlich auch aus Treibholz basteln. Durch die lange Zeit, die das Holz im Wasser gelegen hat, besitzt es eine unnachahmliche Patina.
Die Speisekarte wird dann an der Eingangstür oder an einer Wand aufgehängt oder auf einer kleinen Staffelei auf den Tisch gestellt.

Die kleinen Finessen des Buffets

Das Thema Meer bietet eine Vielzahl von Dekorationsmöglichkeiten.
So können Sie etwa feinen Sand auf der Tischdecke verteilen und anschließend ein großes Fischernetz darüber ausbreiten. Darauf verteilen Sie dann Ihre Dekorationselemente: Girlanden aus Fischerkugeln, kunstvoll geknotete Taue, ein Goldfischglas, Muscheln …
Als Blumenschmuck können Sie zum Beispiel Meerlavendel, auch Statice genannt, wählen.
Das Brot servieren Sie in kleinen Netzen, die Sie in der Nähe des Buffets aufhängen, oder aber in Seifenschalen in Fisch- oder Muschelform, die Sie auch für Salz, Butter oder Kerzen verwenden können.

Buffet de la Mer
Pot au feu de la mer
Carpaccio de saumon
Assiette nordique
Ratatouille de poissons
Daurade aux fruits frais
Colin sur son lit d'oignons
Thon mariné pommes de terre roseval
Carpaccio de St-Jacques au curry et aux herbes

Fleischbuffet

Gemischte Grillplatte

4 Hammelkoteletts oder -steaks
4 Stück Rindfleisch (aus der Rippe oder der Oberschale)
4 Schweinenackenkoteletts oder 2 Kalbskoteletts
1 Knoblauchzehe
einige Thymian- oder Rosmarinblättchen
3 Salbeiblätter
grobes Meersalz
frisch gemahlener Pfeffer

Hauptgericht für 6 Personen

Planung: *Bereiten Sie das Fleisch erst in Gegenwart Ihrer Gäste zu. So kann jeder selbst bestimmen, wie er sein Fleisch gebraten haben möchte.*

Das Fleisch kann auf einem Holzkohlegrill oder auf dem elektrischen Grill zubereitet werden.
Die Hammelkoteletts mit der Knoblauchzehe einreiben, mit einigen Thymian- oder Rosmarinblättchen bestreuen und auf jeder Seite mindestens 5 Min. grillen. Das Fleisch ist gar, wenn es sich beim Daraufdrücken mit dem Finger fest anfühlt.
Rindfleisch muss genau auf den Punkt gegart werden. Grillen Sie es, je nachdem ob es *bleu* (außen gut gebräunt, ganz im Inneren noch fast roh), *saignant* (innen rosa) oder *à point* (bis ins Innere angegart, ohne rohe Stellen) sein soll, auf jeder Seite zwischen 1 und 10 Min. Um den Grillgeschmack nicht zu verfälschen, empfehle ich, auf die Zugabe von Kräutern zu verzichten. Das Fleisch ist innen rosa, wenn es auf Druck mit dem Finger leicht nachgibt.
Die Schweinenacken- oder Kalbskoteletts mit den Salbeiblättern einreiben und auf jeder Seite mindestens 10 Min. grillen. Schweinefleisch isst man nur durchgebraten. Das Fleisch ist gar, wenn es sich beim Daraufdrücken mit dem Finger fest anfühlt.
Das Fleisch mit Salz und Pfeffer würzen und mit einer Auswahl unterschiedlicher Senfsorten servieren.

Sophies Tipp

Vor dem Grillen kein Salz und auch kein Fett zugeben, sondern das Fleisch erst danach mit grobem Meersalz und frisch gemahlenem Pfeffer würzen.

Rillettes vom Kaninchen

1 Kaninchen, zerlegt
4 Zwiebeln
Salz & Pfeffer
3 Zweige Estragon
250 ml Weißwein
250 ml Hühnerbrühe

Vorspeise
für 6 Personen

Planung: Die Rillettes müssen 24 Std. im Voraus zubereitet werden.

Die Zwiebeln schälen und in feine Ringe schneiden.
Die Zwiebelringe und die Kaninchenteile in einen Kochtopf geben. Mit Salz und Pfeffer würzen und mit dem fein gehackten Estragon bestreuen. Den Wein und die Brühe angießen und das Ganze 1 1/2 Std. bei geringer Hitze köcheln lassen.
Die Fleischstücke anschließend in eine Schüssel geben, die Knochen auslösen und das Fleisch mit einer Gabel zerkleinern. Die Zwiebeln, den Weißwein und die Brühe dazugeben, gut umrühren und noch einmal abschmecken.
Die Mischung in eine Terrinenform füllen und gut andrücken. Die Form abdecken und 24 Std. im Kühlschrank ruhen lassen.

Sophies Tipp

Der Estragon kann auch durch Thymian oder Petersilie ersetzt werden. Außerdem können Sie die Rillettes nach dem Kochen mit Pinienkernen oder Pistazien verfeinern.

Hähnchenbrustfilet mit Birnen

6 Hähnchenbrustfilets
2 Schalotten
3 Birnen
(Williams Christ oder Comice)
50 g Butter
2 EL Sonnenblumenöl

250 g Speck, in feine Stifte geschnitten
Salz
frisch gemahlener Pfeffer
150 ml Weißwein

Hauptgericht
für 6 Personen

Planung: Das Gericht kann 3 Std. im Voraus zubereitet werden. Decken Sie die Pfanne anschließend zu und lassen Sie sie bei Zimmertemperatur stehen. Das Fleisch erst unmittelbar vor dem Servieren bei geringer Hitze in der Pfanne erwärmen.

Die Schalotten schälen und in feine Ringe schneiden.
Die Birnen schälen und achteln. 30 g Butter in einer Pfanne zerlassen, die Birnen darin bei mittlerer Hitze etwa 5 Min. goldgelb anbraten und anschließend beiseitestellen.
Die Hähnchenbrustfilets in feine Scheiben schneiden. Das Öl und die restliche Butter in die Pfanne geben, in der Sie zuvor die Birnen angebraten haben, und das Fleisch darin 3 Min. bei mittlerer Hitze anbräunen.
Die Schalotten und den Speck dazugeben und das Ganze bei geringer Hitze etwa 6 Min. köcheln lassen. Mit Salz und Pfeffer würzen und den Wein angießen. Dabei wird der Bratenfond vom Pfannenboden losgekocht. Zum Schluss die Birnen hinzufügen und das Ganze nochmals 2 Min. köcheln lassen, bis die Birnen warm sind.
Anschließend auf einem tiefen Teller anrichten und bei 120 °C (Umluft 100 °C) im Backofen warm halten.

Sophies Tipp

Gegartes Hähnchenfleisch darf niemals im Kühlschrank aufbewahrt werden, weil es sonst hart wird. Lagern Sie es am besten an einem kühlen Ort.

Tatar

600 g Tatar
2 kleine weiße Zwiebeln
5 kleine, in Essig eingelegte Cornichons
1 EL in Essig eingelegte Kapern
2 EL gehackte Petersilie
Salz
frisch gemahlener Pfeffer

Hauptgericht
für 6 Personen

Planung: Das Tatar (nicht die Sauce dazu) kann 12 Std. im Voraus zubereitet werden.

Die Zwiebeln schälen und hacken. Die Cornichons würfeln.
Das Fleisch in einer Schüssel mit den Zwiebeln, den Cornichons, den Kapern und der Petersilie vermengen und mit Salz und Pfeffer würzen.
Zudecken und in den Kühlschrank stellen.
Dazu serviert man eine Sauce Tartare (s. S. 87).

Sophies Tipp

Formen Sie das Tatar mit Hilfe einer Ausstechform und richten Sie es portionsweise auf einer Platte an.

Rinderfilet mit Fenchel

600 g Rinderlendenschnitten
(Tournedos)
1/2 Fenchelknolle
1 EL Sonnenblumenöl
grobes Meersalz
frisch gemahlener Pfeffer

Vorspeise
für 6 Personen

Planung: Die Tournedos können 12 Std. im Voraus zubereitet werden.

Das Öl in einer Pfanne erhitzen und die Tournedos von beiden Seiten jeweils 15 Sek. anbraten.
Den Fenchel waschen und in dünne Scheiben schneiden.
Das Fleisch in etwa 1 cm dicke Scheiben schneiden und auf einer Platte anrichten. Den Fenchel darauf verteilen und alles mit Salz und Pfeffer würzen.
Die Platte abdecken und in den Kühlschrank stellen.
Zu dieser kalten Vorspeise serviert man einen Kräutersalat mit einer Kräutervinaigrette (s. S. 69).

Sophies Tipp

Wenn Sie eine Flasche kühlen wollen und nicht genügend Eiswürfel haben, geben Sie zu den Eiswürfeln in den Sektkübel einfach 2 Handvoll grobes Meersalz.

Gefüllte Zucchini

3 mittelgroße Zucchini
125 g Hackfleisch vom Schwein
125 g Hackfleisch vom Rind
Salz
1 Zwiebel
1 EL fein gehackte Petersilie
1 EL fein gehacktes Koriandergrün
frisch gemahlener Pfeffer
Butter für die Form
2 EL Olivenöl
250 ml Rindsbouillon

Hauptgericht
für 6 Personen

*) **Planung:** Die Zucchini können 24 Std. im Voraus vorbereitet und zugedeckt im Kühlschrank aufbewahrt werden. Garen Sie sie erst unmittelbar vor dem Servieren und halten Sie sie bis zur Ankunft Ihrer Gäste im ausgeschalteten Backofen warm.*

Den Backofen auf 180 °C (Umluft 160 °C) vorheizen.
Die Zucchini waschen, der Länge nach halbieren und 5 Min. in einer Kasserolle in kochendem Salzwasser blanchieren. Anschließend abtropfen lassen und das Fruchtfleisch mit einem Esslöffel herausschaben.
Das Hackfleisch in einer Schüssel mit der fein geschnittenen Zwiebel und den Kräutern vermengen. Das Zucchinifruchtfleisch untermischen und mit Salz und Pfeffer abschmecken.
Die Zucchinihälften in eine gebutterte Auflaufform legen und mit dem Hackfleisch füllen. Mit dem Öl und der Bouillon übergießen und 35 Min. im Backofen garen.

Sophies Tipp

Wenn Sie Kräuter einfrieren wollen, blanchieren Sie sie vorher 20 Sek. in kochendem Wasser, lassen sie gut abtropfen und füllen sie in eine Eiswürfelschale. So haben Sie immer kleine Portionen vorrätig.

Lammnacken mit Honig

600 g Lammfleisch
(Kamm oder Schulter)
2 EL Tannenhonig
2 Zwiebeln
2 Karotten
20 g Butter
2 EL Sonnenblumenöl
4 EL Sherryessig
Salz & Pfeffer
500 ml Hühnerbrühe

Hauptgericht
für 6 Personen

Planung: *Das Lamm kann 12 Std. im Voraus zubereitet und zugedeckt bei Zimmertemperatur aufbewahrt werden. Erwärmen Sie das Gericht unmittelbar vor der Ankunft Ihrer Gäste bei geringer Hitze.*

Die Zwiebeln schälen und in feine Ringe schneiden. Die Karotten schälen und in Scheiben schneiden. Die Butter mit dem Öl in einem Schmortopf stark erhitzen. Das Fleisch 6 Min. rundherum darin anbraten, dann auf einem Teller beiseitestellen.
Den Bratenfond mit dem Essig ablöschen und den Honig, die Zwiebeln, die Karotten und das Fleisch in den Topf geben. Das Fleisch sparsam mit Salz und Pfeffer würzen und das Ganze 90 Min. bei geringer Hitze köcheln lassen. Nach drei Vierteln der Garzeit den Deckel abnehmen und den Bratensaft gegebenenfalls einkochen lassen.
Das Gericht in einer Suppenterrine oder auf einer tiefen Servierplatte anrichten und heiß servieren.

Sophies Tipp

Angeschnittene Zwiebeln sollte man nicht aufheben. Sie oxidieren sehr schnell und können dann Verdauungsprobleme verursachen.

Ente à la Parmentier

4 Entenkeulen
1 Zwiebel
1 EL Sonnenblumenöl
1 Liter Rotwein
Salz & Pfeffer
1 kg mehligkochende Kartoffeln
250 ml Vollmilch
125 g Butter
2 EL gehackte Petersilie
1 TL Paniermehl
Butter für die Form

Hauptgericht
für 6 Personen

__Planung:__ Die Ente à la Parmentier kann 24 Std. im Voraus zubereitet und zugedeckt im Kühlschrank aufbewahrt werden. Vor Ankunft Ihrer Gäste müssen Sie das Gericht nur noch 20 Min. im Backofen überbacken und dann warm halten.

Die Zwiebel schälen und in feine Ringe schneiden. Das Öl in einem Schmortopf erhitzen und die Zwiebel 2 Min. darin anschwitzen. Die Entenkeulen dazugeben und den Wein angießen. Mit Salz und Pfeffer würzen und 90 Min. bei geringer Hitze köcheln lassen.
In der Zwischenzeit die Kartoffeln waschen, in einen Topf mit Salzwasser geben und zugedeckt 25 Min. kochen. Die Kartoffeln danach abgießen und etwas abkühlen lassen. Die Kartoffeln pellen und über einer Schüssel durch die Kartoffelpresse drücken. Nach und nach die heiße Milch und anschließend die Butter untermengen und das Püree mit Salz und Pfeffer würzen.
Den Backofen auf 180 °C (Umluft 160 °C) vorheizen.
Die Entenkeulen abtropfen lassen. Das Fleisch mit einer Gabel vom Knochen lösen, zerkleinern und in eine gebutterte Auflaufform geben. Die Zwiebel aus dem Kochsud und die gehackte Petersilie dazugeben. Das Kartoffelpüree darauf verteilen, die Oberfläche glattstreichen, mit dem Paniermehl bestreuen und das Gericht 20 Min. im Backofen überbacken.

Sophies Tipp

Paniermehl muss man nicht fertig kaufen. Nehmen Sie einfach ein Stück altbackenes Brot (oder einen Zwieback) und reiben es auf der feinsten Scheibe der Käsereibe. / Beim Kartoffelkochen rechnet man etwa 1 gestrichenen EL Salz auf 1 Liter Kochwasser.

Und das sollte auch nicht fehlen

Reichern Sie das Buffet mit einem gemischten Salat mit Pinienkernen, mit Pommes frites oder Bratkartoffeln und zwei Saucen, einer Sauce Tartare und Geschmolzenen Zwiebeln, an.

Sauce Tartare

2 zimmerwarme Eigelb
1 TL Dijonsenf
300 ml Sonnenblumenöl
1 EL Ketchup (nach Belieben)
Salz & Pfeffer
10 kleine Cornichons
1 EL in Essig eingelegte Kapern
2 EL gehackte Petersilie

Die Eigelb in einer kleinen Schüssel kräftig mit dem Senf verquirlen und danach 1 Min. ruhen lassen. Das Öl unter ständigem Rühren mit einem Schneebesen nach und nach angießen. Das Ketchup hinzufügen, mit Salz und Pfeffer würzen und noch einmal umrühren. Die in Scheibchen geschnittenen Cornichons, die Kapern und die Petersilie untermischen und noch einmal abschmecken.

Gemischter Salat

*400 g Mesclun**
80 g Pinienkerne
6 EL Olivenöl
2 EL Balsamico-Essig
3 EL fein gehackte frische Kräuter (Estragon, Dill, Schnittlauch, Basilikum …)
Salz & Pfeffer

Die Salate putzen, waschen und mit den Pinienkernen in eine Schüssel geben. Die Saucenzutaten verrühren und die Kräutervinaigrette getrennt zum Salat reichen.

Geschmolzene Zwiebeln

600 g Zwiebeln
70 g Honig
2 EL Balsamico-Essig
500 ml Rotwein
500 ml Wasser
40 g Butter
Salz & Pfeffer

Die Zwiebeln schälen und in feine Ringe schneiden. Mit dem Honig, dem Essig und dem Wein in eine beschichtete Kasserolle geben und bei geringer Hitze 40 Min. köcheln lassen, bis die Zwiebeln die Flüssigkeit vollständig aufgesogen haben. Das Wasser angießen und die Zwiebeln weitere 30 Min. köcheln lassen. Zum Schluss die Butter einrühren und mit Salz und Pfeffer würzen.

Dekorationstipp: Besteck drapieren

Die Arrangements aus Besteck und dekorativ drapierten Servietten sind nicht nur etwas fürs Auge, sondern darüber hinaus auch außerordentlich praktisch. Findet doch jeder Gast alle Teile des Bestecks an einem Platz und muss sich nicht hier eine Gabel und dort einen Löffel suchen. Passend zum Fleischbuffet wurde das Besteck hier jeweils mit einer Serviette kombiniert, die an das klassische rotweiß-karierte Geschirrtuch des Metzgers erinnert. Mit Bast, einem dekorativen Band oder Bindfaden lassen sich die einzelnen Teile gut zusammenhalten. Anschließend stellt man die Serviette in ein Glas. Ebenso gut eignet sich aber auch ein kleiner Weidenkorb oder ein Übertopf aus Porzellan oder Ton.
Anstelle von Servietten können Sie auch karierte Taschentücher verwenden.
Und je nach Geschick faltet man die Servietten einfach nur zusammen oder drapiert sie raffiniert zu Tüten oder Fächern.

Die kleinen Finessen des Buffets

Für das Fleischbuffet habe ich vorwiegend rustikale Dekorationselemente ausgewählt.
Aufgebaut wurde das Buffet auf einem großen Möbelstück ohne Tischtuch, das entfernt an den Hackklotz eines Fleischers erinnert.
Die Accessoires, wie zum Beispiel die Gurkenzange, das Schneidebrett, die Pfeffermühle und der Korkenzieher, sind aus Holz.
Als Halter für die Teelichte dienen hölzerne Serviettenringe.
Anstelle von Blumen habe ich hier Kräutersträuße (Petersilie, Thymian, Lorbeer …) verwendet.
Das Brot wird in kleinen hölzernen Obststeigen oder in mit Stroh oder Holzspänen ausgekleideten Körben serviert.

Tartebuffet

Ratatouilletarte

Hauptgericht
für 6 Personen

Für den Mürbeteig
250 g Mehl
125 g weiche gesalzene Butter
1 Eigelb
50 ml Wasser
Butter für die Form

Für den Belag
1 Zwiebel
1 Zucchini
1 Aubergine
1 rote Paprikaschote
1 grüne Paprikaschote
1 Tomate
100 ml Olivenöl
Salz
frisch gemahlener Pfeffer
1 Knoblauchzehe
3 Eier
250 ml Vollmilch
2 Msp. Kräuter der Provence
100 g geriebener Emmentaler

Planung: Die Ratatouilletarte kann 12 Std. im Voraus zubereitet und kalt oder lauwarm serviert werden. Lagern Sie die Tarte bei Zimmertemperatur und erwärmen Sie sie noch einmal 10 Min. bei 180 °C (Umluft 160 °C) im Backofen.

Sämtliche Teigzutaten mit den Händen zu einem Teig verarbeiten. Den Teig zu einer Kugel formen, in Frischhaltefolie einschlagen und mindestens 1 Std. im Kühlschrank ruhen lassen.
Den Backofen auf 180 °C (Umluft 160 °C) vorheizen.
Eine Tarteform (28 cm Durchmesser) mit Butter einfetten und mit dem Teig auskleiden.
Die Zwiebel, die Zucchini und die Aubergine schälen, die Paprikaschoten und die Tomate blanchieren, häuten und das Gemüse in etwa 1 cm große Würfel schneiden. Das Öl in einer beschichteten Pfanne erwärmen und das Gemüse 5 Min. bei mittlerer Hitze darin anbraten. Mit Salz und Pfeffer würzen und auf dem Tarteboden verteilen. Die Knoblauchzehe schälen, fein hacken und über das Gemüse streuen.
Die Eier in einer Schüssel kräftig mit der Milch und den Kräutern verquirlen, mit Salz und Pfeffer abschmecken und über das Ratatouille gießen. Die Tarte mit dem geriebenen Käse bestreuen und 50 Min. backen.

Sophies Tipp

Das Gemüse kann noch mit einer Dose Thunfisch, den Sie vorher mit einer Gabel zerkleinert haben, angereichert werden.

Ziegenkäsetarte

Für den Mürbeteig
250 g Mehl
125 g weiche gesalzene Butter
1 Eigelb
50 ml Wasser
oder 1 Portion backfertiger Mürbeteig
Butter für die Form

Für den Belag
200 g Ziegenkäse
3 Eier
250 g Crème double*
150 ml Vollmilch
150 g geriebener Emmentaler
etwa 10 Minze- oder Basilikumblätter
frisch gemahlener Pfeffer

Hauptgericht
für 6 Personen

Planung: *Die Ziegenkäsetarte kann 12 Std. im Voraus zubereitet und kalt oder heiß serviert werden. Lagern Sie die fertige Tarte bei Zimmertemperatur und erhitzen Sie sie gegebenenfalls noch einmal 10 Min. bei 180 °C (Umluft 160 °C) im Backofen.*

Sämtliche Teigzutaten mit den Händen zu einem Teig verarbeiten. Den Teig zu einer Kugel formen, in Frischhaltefolie einschlagen und mindestens 1 Std. im Kühlschrank ruhen lassen.
Den Backofen auf 200 °C (Umluft 180 °C) vorheizen.
Eine Tarteform (28 cm Durchmesser) mit Butter einfetten und mit dem Teig auskleiden.
Die Eier in einer Schüssel kräftig verquirlen. Die Crème double, die Milch, den geriebenen Emmentaler, den kleingeschnittenen Ziegenkäse und die fein geschnittene Minze oder das fein gehackte Basilikum unterrühren und das Ganze mit Pfeffer würzen. Die Mischung auf dem Tarteboden verteilen und die Tarte 45 Min. backen.

Sophies Tipp

Ausgetrockneter Emmentaler wird wieder weich, wenn man ihn mit einem mit Weißwein angefeuchteten Geschirrtuch umwickelt und in den Kühlschrank legt.

Quiche Lorraine

Hauptgericht
für 6 Personen

Für den Mürbeteig
250 g Mehl
125 g weiche gesalzene Butter
1 Eigelb
50 ml Wasser
oder 1 Portion backfertiger Mürbe- oder Blätterteig
Butter für die Form

Für den Belag
200 g durchwachsener Räucherspeck, gewürfelt
500 g Crème double*
4 Eier
2 Msp. edelsüßes Paprikapulver
frisch gemahlener Pfeffer
150 g gekochter Schinken, gewürfelt
200 g geriebener Emmentaler

Planung: Die Quiche Lorraine kann 12 Std. im Voraus zubereitet und kalt oder heiß serviert werden. Lagern Sie die fertige Quiche bei Zimmertemperatur und erhitzen Sie sie gegebenenfalls noch einmal 10 Min. bei 180 °C (Umluft 160 °C) im Backofen.

Sämtliche Teigzutaten mit den Händen zu einem Teig verarbeiten. Den Teig zu einer Kugel formen, in Frischhaltefolie einschlagen und mindestens 1 Std. im Kühlschrank ruhen lassen.
Den Backofen auf 180 °C (Umluft 160 °C) vorheizen.
Eine Tarteform (28 cm Durchmesser) mit Butter einfetten und mit dem Teig auskleiden.
Die Speckwürfel 5 Min. bei mittlerer Hitze in einer beschichteten Pfanne auslassen. Die Crème double, die Eier und das Paprikapulver in einer Schüssel verrühren und mit Pfeffer würzen. Die Mischung auf dem Tarteboden verteilen, mit den Speck- und den Schinkenwürfeln und zum Schluss mit dem Emmentaler bestreuen und 50 Min. backen.

Sophies Tipp

Stechen Sie Tartes, Kuchen oder Cakes stets in der Mitte mit einer Messerspitze ein, um zu überprüfen, ob sie durchgebacken sind. Die Messerspitze muss trocken bleiben.

Zwiebeltarte

Für den Mürbeteig
250 g Mehl
125 g weiche gesalzene Butter
1 Eigelb
50 ml Wasser
oder 1 Portion backfertiger Mürbeteig
Butter für die Form

Für den Belag
4 große Zwiebeln
2 EL Sonnenblumenöl
Salz
frisch gemahlener Pfeffer
2 EL Mehl
3 Eier
3 EL Crème double*
150 g geriebener Emmentaler

Hauptgericht
für 6 Personen

Planung: *Die Zwiebeltarte kann 12 Std. im Voraus zubereitet und kalt oder heiß serviert werden. Lagern Sie die fertige Tarte bei Zimmertemperatur und erhitzen Sie sie gegebenenfalls noch einmal 10 Min. bei 180 °C (Umluft 160 °C) im Backofen.*

Sämtliche Teigzutaten mit den Händen zu einem Teig verarbeiten. Den Teig zu einer Kugel formen, in Frischhaltefolie einschlagen und mindestens 1 Std. im Kühlschrank ruhen lassen.
Den Backofen auf 180 °C (Umluft 160 °C) vorheizen.
Eine Tarteform (28 cm Durchmesser) mit Butter einfetten und mit dem Teig auskleiden.
Die Zwiebeln schälen, in feine Ringe schneiden und bei geringer Hitze 10 Min. im Öl goldgelb anbraten. Mit Salz und Pfeffer würzen, das Mehl darüberstäuben und umrühren. Die Zwiebeln vom Herd nehmen, die Eier und die Crème double unterziehen und noch einmal abschmecken.
Die Masse auf dem Tarteboden verteilen, die Tarte mit dem Emmentaler bestreuen und 30 Min. backen.

Sophies Tipp

Das Auskeimen von Zwiebeln können Sie verhindern, indem Sie die Wurzeln ganz kurz in eine Flamme halten.

Schoko-Bananen-Tarte

Für den Sandteig
125 g weiche Butter
125 g Puderzucker
1 Prise Salz
1 Ei
250 g Mehl
oder 1 Portion backfertiger Sandteig
Butter für die Form

Für den Belag
200 g Zartbitterschokolade
250 ml flüssige Crème fraiche*
4 Bananen

Dessert
für 6 Personen

Planung: *Die Schoko-Bananen-Tarte wird kalt gegessen. Sie sollte mindestens 12 Std. vor dem Servieren, besser noch am Vortag, zubereitet werden.*

Die Butter, den Zucker, das Salz und das Ei in einer Schüssel mit dem Kochlöffel vermengen. Das Mehl auf einmal dazugeben und alles mit den Händen zu einem Teig verkneten. Den Teig zu einer Kugel formen, in Frischhaltefolie einschlagen und 1 Std. im Kühlschrank ruhen lassen.
Den Backofen auf 180 °C (Umluft 160 °C) vorheizen.
Eine Tarteform (28 cm Durchmesser) mit Butter einfetten und mit dem Teig auskleiden. Den Teig mit einer Gabel einstechen und 20 Min. ohne Belag blindbacken.
Inzwischen die kleingehackte Schokolade mit der flüssigen Crème fraîche in eine Schüssel geben und in der Mikrowelle oder im Wasserbad schmelzen.
Die Bananen schälen und in etwa 1/2 cm dicke Scheiben schneiden. Die Bananenscheiben auf dem vorgebackenen Teig verteilen und die flüssige Schokolade darübergießen.
Die Tarte abkühlen lassen, zudecken und mindestens 12 Std. in den Kühlschrank stellen.

Sophies Tipp

Wenn Sie allzu reife Bananen nicht mögen, bewahren Sie sie im Kühlschrank auf. Die Schale wird dann zwar schwarz, aber das Fruchtfleisch bleibt fest. / Die Bananen können auch durch Birnen oder Orangeat ersetzt werden.

Feine Apfeltarte

1 Portion backfertiger Blätterteig
6 Äpfel (Golden Delicious oder Gala)
100 g Butter
50 g weißer oder brauner Zucker
1 Päckchen Vanillezucker

Dessert
für 6 Personen

Planung: *Die Apfeltarte kann 12 Std. im Voraus gebacken und kalt oder lauwarm gegessen werden. Wenn Sie sie lauwarm servieren möchten, erhitzen Sie sie noch einmal 5 Min. bei 180 °C (Umluft 160 °C) im Backofen.*

Ein Backblech mit Backpapier auslegen und den Teig darauf ausrollen.
Den Backofen auf 200 °C (Umluft 180 °C) vorheizen.
Die Äpfel schälen, vierteln und die Kerngehäuse entfernen. Das Fruchtfleisch in etwa 1/2 cm dicke Spalten schneiden und den Teig damit belegen. Die Apfelspalten sollten einander dabei etwas überlappen. Butterflöckchen, Zucker und Vanillinzucker über die Äpfel verteilen und die Tarte 30 Min. backen.
Anschließend auf Zimmertemperatur abkühlen lassen.

Sophies Tipp

Äpfel lagert man am besten mit dem Stiel nach unten, Birnen hingegen mit dem Stiel nach oben.

Birnentarte à la Bourdaloue

Für den Sandteig
125 g weiche Butter
125 g Puderzucker
1 Prise Salz
1 Ei
250 g Mehl
oder 1 Portion backfertiger Sandteig
Butter für die Form

Für den Belag
1 große Dose Birnen
80 g Zucker
80 g weiche gesalzene Butter
80 g gemahlene Mandeln
2 Eier
2 cl Birnengeist (nach Belieben)
20 g Mandelblättchen

Dessert
für 6 Personen

Planung: *Die Birnentarte kann 12 Std. im Voraus gebacken werden. Decken Sie sie nach dem Backen ab und stellen Sie sie an einen kühlen Ort.*

Die Butter, den Zucker, das Salz und das Ei in einer Schüssel mit dem Kochlöffel vermengen. Das Mehl auf einmal dazugeben und alles mit den Händen zu einem Teig verkneten. Den Teig zu einer Kugel formen, in Frischhaltefolie einschlagen und 1 Std. im Kühlschrank ruhen lassen.
Den Backofen auf 200 °C (Umluft 180 °C) vorheizen.
Eine Tarteform (28 cm Durchmesser) mit Butter einfetten und mit dem Teig auskleiden.
Die Birnen abtropfen lassen, in Spalten schneiden und auf dem Tarteboden verteilen.
Den Zucker, die Butter, die gemahlenen Mandeln, die Eier und den Birnengeist in einer Schüssel mit dem Kochlöffel verrühren. Die Mandelcreme auf den Birnen verteilen, die Tarte mit Mandelblättchen bestreuen und 30 Min. backen.

Sophies Tipp

Anstelle der Birnen können Sie auch andere Früchte verwenden. / Bestreuen Sie den Tarteboden – je nachdem, ob Sie eine salzige oder eine süße Tarte backen – mit etwas Paniermehl oder mit gemahlenen Haselnüssen. So vermeiden Sie, dass der Boden durch den Saft, den das Gemüse oder die Früchte abgeben, aufweicht.

Zitronentarte mit Baiserhaube

Dessert
für 6 Personen

Für den Sandteig
125 g weiche Butter
125 g Puderzucker
1 Prise Salz
1 Ei
250 g Mehl
oder 1 Portion backfertiger Sandteig
Butter für die Form

Für die Zitronencreme
2 unbehandelte Zitronen
200 g Zucker
4 Eier
100 g weiche Butter

Für das Baiser
4 Eiweiß
50 g Zucker

Planung: Die Zitronentarte kann 12 Std. im Voraus gebacken werden. Decken Sie sie nach dem Backen ab und stellen Sie sie an einen kühlen Ort.

Die Butter, den Zucker, das Salz und das Ei in einer Schüssel mit dem Kochlöffel vermengen. Das Mehl auf einmal dazugeben und alles mit den Händen zu einem Teig verkneten. Den Teig zu einer Kugel formen, in Frischhaltefolie einschlagen und 1 Std. im Kühlschrank ruhen lassen.
Den Backofen auf 200 °C (Umluft 180 °C) vorheizen.
Eine Tarteform (28 cm Durchmesser) mit Butter einfetten und mit dem Teig auskleiden.
Die Zitronen waschen, die Schale mit einem Zestenreißer abschälen und die Früchte auspressen. Den Zucker in einer Schüssel mit den Eiern verrühren. Anschließend die Butter, die Zitronenschale und den -saft untermischen.
Die Zitronencreme auf dem Tarteboden verstreichen und die Tarte 20 Min. backen.
In der Zwischenzeit das Eiweiß steif schlagen. Danach den Zucker hinzufügen und dabei ständig weiterschlagen. Die Baisermasse mit einem Spritzbeutel oder einem Löffel auf der Tarte verteilen und die Oberfläche glattstreichen.
Die Tarte anschließend 25 Min. bei 160 °C (Umluft 140°C) überbacken.

Sophies Tipp

Zitronen vor dem Auspressen auf dem Tisch hin- und herrollen und die Früchte dabei kräftig drücken. So geben sie mehr Saft.

Und das sollte auch nicht fehlen

Ein leckeres Eis zu einer süßen oder ein Salat von jungem Blattgemüse zu einer pikanten Tarte – was gibt es Besseres? Zu diesem Buffet können Sie aber ebenso Apfelkompott und eine etwas üppigere Schlagsahne servieren.

Eiskugeln

Bereiten Sie drei verschiedene Sorten (nicht mehr) Eis vor. Geben Sie die Kugeln in eine nicht zu große Schüssel und stellen Sie diese in eine zweite, größere Schüssel, die Sie halb mit Eiswürfeln gefüllt haben. Stellen Sie das Ganze bis zum Servieren in die Gefriertruhe.

Schlagsahne »de luxe«

*300 g gut gekühlte Crème double**
50 g weißer oder brauner Zucker
1 Eigelb

Die Crème double, den Zucker und das Eigelb in eine Schüssel geben und 3 Min. mit dem Handmixer aufschlagen. Die Schüssel abdecken und in den Kühlschrank stellen. Die Sahne ist 2 Tage haltbar.

Salat von jungem Blattgemüse

*400 g Mesclun**
2 TL Dijonsenf
4 EL Weißweinessig
Salz & Pfeffer
4 EL Olivenöl
4 EL Walnussöl

Das Blattgemüse waschen und in einer Salatschüssel anrichten. Den Senf in einer kleinen Schüssel mit dem Essig verrühren und mit Salz und Pfeffer würzen. Das Öl hinzufügen und so lange schlagen, bis eine glatte Sauce entstanden ist. Die Sauce getrennt zum Salat servieren.

Dekorationstipp: Kerzen

Genau wie Blumen verleihen Kerzen einem Tisch einen festlichen Charakter.
Die Kerzenhalter mit farbigen Kerzen wurden hier mit Efeuranken umwickelt.
Schwimmkerzen wirken besonders dekorativ in einem Glasschälchen mit Blüten.
Die große Kerze steht auf einem Moosbett in einem aparten alten Vogelkäfig, der ebenfalls mit etwas Efeu geschmückt wurde.
Sie können die Kerzen auch in kleine Glasbehälter stellen und sie wie einen Tischläufer auf dem Buffet verteilen.

Die kleinen Finessen des Buffets

In der Gestaltung des Buffets spiegelt sich die Form der Tarte wider: zu runden Tartes runde Tische, rundes Geschirr und runde Dekorationselemente.
Einen Teil des Tischs können Sie mit einem Tischläufer aus Baumwolle oder Leinen bedecken.
Die Tartes werden auf Servierplatten oder in der Backform auf Tischsets gestellt.
Gläser und Karaffen können Sie mit einer dünnen Kordel umwickeln. Besorgen Sie sich dazu im Bastelgeschäft eine Klebepistole.
Und das Brot richten Sie rosettenförmig auf Tischsets oder in Tarteformen an.

Salatbuffet

Farfallesalat

250 g Farfalle
4 Tomaten
8 Scheiben Serranoschinken
300 g Mimolette*
Salz
frisch gemahlener Pfeffer

Salat
für 6 Personen

Planung: Der Salat kann 24 Std. im Voraus zubereitet werden. Geben Sie alle Zutaten in eine Salatschüssel, decken Sie diese mit Alufolie ab und stellen Sie den Salat an einen kühlen Ort.

Die Nudeln nach Packungsanweisung in einem Topf mit kochendem Salzwasser garen. Anschließend abgießen und unter fließendem kaltem Wasser abschrecken.
Die Tomaten waschen und vierteln.
Den Schinken grob zerkleinern und den Käse in kleine Dreiecke schneiden.
Nacheinander die Nudeln, den Schinken, die Tomaten und den Käse in eine Salatschüssel schichten und mit Salz und Pfeffer würzen und gut vermengen.

Sophies Tipp

Eine Vinaigrette ist, ob gewürzt oder nicht, im Kühlschrank mehrere Wochen haltbar. Bereiten Sie sie also immer auf Vorrat zu. Am besten verwenden Sie dazu einen Dressing-Shaker (im Fachhandel erhältlich) oder eine leere Ölflasche.

Grüne-Bohnen-Salat mit Parmesan

Salat
für 6 Personen

600 g frische oder tiefgefrorene Prinzessbohnen
3 Tomaten
100 g frischer Parmesan
10 Minzeblätter
grobes Meersalz
frisch gemahlener Pfeffer

Planung: *Der Salat kann 24 Std. im Voraus zubereitet werden. Verteilen Sie die Zutaten, bis auf die Minze, einzeln auf kleine Schüsseln, decken Sie diese mit Alufolie ab und stellen Sie sie an einen kühlen Ort.*

Die Bohnen entstielen und waschen, in einen Topf mit kaltem Salzwasser geben, aufkochen lassen und 20 Min. garen. Anschließend abgießen und unter fließendem kaltem Wasser abschrecken.
Während die Bohnen kochen, die Tomaten in einem Sieb 10 Sek. ins kochende Bohnenwasser tauchen. Anschließend häuten, die Kerne entfernen und das Fruchtfleisch fein würfeln.
Den Parmesan mit einem Sparschäler in Späne hobeln.
Kurz vor dem Servieren die Minze waschen, die Blätter abzupfen und in feine Streifen schneiden.
Die Bohnen, die Tomaten, den Parmesan und die Minze nacheinander in eine Salatschüssel geben und mit Salz und Pfeffer würzen und gut vermengen.

Sophies Tipp

Kaufen Sie möglichst immer frischen Parmesan am Stück. Der geriebene Parmesan, der im Handel angeboten wird, ist im Allgemeinen eine Mischung aus verschiedenen getrockneten Käsen. / Rechnen Sie beim Bohnenkochen etwa 1 gestrichenen EL Salz auf 1 Liter Kochwasser.

Makkaronisalat mit Thunfisch

500 g Makkaroni
2 Dosen Thunfisch in Öl
oder im eigenen Saft
20 kleine, in Essig eingelegte
Cornichons
1/2 Bund glatte oder krause
Petersilie

Salz
frisch gemahlener Pfeffer

Salat
für 6 Personen

Planung: *Der Makkaronisalat kann 24 Std. im Voraus zubereitet werden. Geben Sie alle Zutaten, bis auf die Petersilie, in eine Salatschüssel, decken Sie diese mit Alufolie ab und stellen Sie sie an einen kühlen Ort.*

Die Nudeln nach Packungsanweisung in einem Topf mit kochendem Salzwasser garen. Anschließend abgießen und unter fließendem kaltem Wasser abschrecken.
Den Thunfisch zerpflücken. Falls Sie Thunfisch im eigenen Saft nehmen, den Fisch vorher abtropfen lassen.
Die Cornichons in Scheibchen schneiden.
Kurz vor dem Servieren die Petersilie waschen, die Stiele entfernen und die Blätter fein hacken.
Die Nudeln, den Thunfisch, die Cornichons und die Petersilie nacheinander in eine Salatschüssel füllen und mit Pfeffer würzen und gut vermengen.

Sophies Tipp

Waschen, entstielen und hacken Sie Kräuter möglichst immer erst unmittelbar vor dem Servieren, damit sie ihr frisches Aussehen behalten. / Rechnen Sie beim Nudelkochen etwa 1 gestrichenen EL Salz auf 1 Liter Kochwasser.

Entenbrust-Salat

16 geräucherte Entenbrustfilets
3 rosa Pampelmusen
2 reife Avocados
6 Kirschtomaten
frisch gemahlener Pfeffer

Salat
für 6 Personen

Planung: *Die Pampelmusen können bereits am Vortag vorbereitet und in ihrem Saft aufbewahrt werden. Den Salat 1 Std. vor dem Servieren anrichten, mit Alufolie abdecken und kalt stellen.*

Die Pampelmusen schälen und die Filets aus den Häutchen lösen.
Die Avocados schälen, die Kerne entfernen und jede Avocadohälfte in 4 Spalten schneiden.
Die Pampelmusenfilets, die Avocadospalten und die Entenbrustfilets abwechselnd fächerförmig auf einem großen Teller anrichten. Den Teller mit den Kirschtomaten garnieren und das Ganze mit Pfeffer übermahlen.

Sophies Tipp

Den Entenbrust-Salat serviert man ohne Sauce.

Chicoréesalat mit Äpfeln

6 Chicoréestauden
3 rote Äpfel
100 g Korinthen
Salz
frisch gemahlener Pfeffer

Salat
für 6 Personen

Planung: Der Chicoréesalat sollte möglichst erst unmittelbar vor dem Servieren, höchstens 1 Std. im Voraus, zubereitet werden. Den Salat anschließend mit Alufolie abdecken und kühl stellen.

Die Korinthen in ein Schälchen geben und mit lauwarmem Wasser bedecken.
Welke äußere Blätter der Chicoréestauden entfernen. Die Stauden kurz unter fließendem kaltem Wasser waschen und trockentupfen. Die Strünke mit dem Messer keilförmig herausschneiden (etwa 2,5 cm). Die Blätter ablösen und halbieren. Große Blätter gegebenenfalls noch einmal durchschneiden.
Die Äpfel waschen, vierteln, die Kerngehäuse entfernen und das Fruchtfleisch in kleine Stücke schneiden. Die Äpfel müssen nicht geschält werden.
Die Korinthen abtropfen lassen.
Die Chicoréeblätter, die Apfelstücke und die Korinthen nacheinander in eine Salatschüssel schichten und mit Salz und Pfeffer würzen und gut vermengen.

Sophies Tipp

Schneiden Sie die Strünke von Chicoréestauden immer heraus, denn sie sind bitter. Lassen Sie die Stauden nicht im Wasser liegen; sie werden sonst ebenfalls bitter. Chicoréestauden werden niemals blanchiert.

Couscoussalat mit Lachs

300 g Couscous, gegart
300 g frisches Lachsfilet
Salz
frisch gemahlener Pfeffer
20 g Butter
1 große Dose Tomaten in Stücken
200 g frischer Spinat
1 EL fein gehackter Estragon
1 EL fein gehacktes Basilikum
Saft einer Zitrone
3 EL Olivenöl

Salat
für 6 Personen

Planung: *Bereiten Sie den Couscoussalat mindestens 4 Std. im Voraus zu. Decken Sie ihn mit Alufolie ab und stellen Sie ihn in den Kühlschrank. Schmecken Sie den Salat direkt vor dem Servieren noch einmal mit Öl, Zitronensaft, Salz und Pfeffer ab.*

Die Lachsfilets mit Salz und Pfeffer würzen. Die Butter in einer Pfanne erhitzen und den Lachs 7 Min. bei mittlerer Hitze darin braten. Anschließend abkühlen lassen.
Den Couscous in eine Salatschüssel geben und mit den Tomaten vermischen.
Den Spinat entstielen und in reichlich Wasser gründlich waschen. In eine Kasserolle mit kochendem Salzwasser geben und 3 Min. blanchieren. Anschließend sofort unter fließendem kaltem Wasser abschrecken, trockentupfen und kleinschneiden.
Den Spinat auf den Couscous geben, die Kräuter darüberstreuen und alles miteinander vermischen. Die Lachsfilets zerpflücken und unter den Salat heben. Zitronensaft und Olivenöl hinzufügen und mit Salz und Pfeffer würzen.

Sophies Tipp

Schneiden Sie Spinatstiele niemals mit dem Messer ab. Sie müssen die Blätter zusammenfalten und die Stiele mit einem Ruck abreißen.

Pfirsichsalat

6 Pfirsiche
50 g Zucker
1 Päckchen Vanillezucker
Saft einer Orange
1 Vanilleschote

Dessert
für 6 Personen

Planung: Der Pfirsichsalat kann 12 Std. im Voraus zubereitet werden.

Die Pfirsiche schälen, entsteinen und in Spalten schneiden.
Die Spalten in eine Schale geben, mit Zucker und Vanillezucker bestreuen und mit dem Orangensaft begießen. Die Vanilleschote aufschlitzen, das Mark herauskratzen und zu den Pfirsichen geben. Das Ganze durchmischen, die Schale abdecken und in den Kühlschrank stellen.

Sophies Tipp

Anstelle der Pfirsiche können Sie auch Nektarinen verwenden. / Falls etwas Salat übrig bleibt, gießen Sie die Sauce ab und verwenden die Früchte am nächsten Tag für einen Clafoutis oder eine Tarte.*

Kirschsalat

1 kg Knorpel- oder Burlatkirschen
150 g Zucker
150 ml Rotwein
2 Msp. Zimt (nach Belieben)

Dessert
für 6 Personen

Planung: *Der Kirschsalat kann 24 Std. im Voraus zubereitet werden.*

Die Kirschen waschen, entstielen und entkernen.
Zucker, Wein und Zimt in einer Kasserolle 10 Min. bei geringer Hitze zu einem dickflüssigen Sirup einkochen.
Die Kirschen hinzufügen und das Ganze bei geringer Hitze weitere 10 Min. köcheln.
Abkühlen lassen, abdecken und in den Kühlschrank stellen.

Sophies Tipp

Kirschen eignen sich gut zum Einfrieren. Sie müssen sie lediglich entstielen und können sie, wenn Sie wollen, auch entkernen.

Beerensalat mit Rhabarber

375 g Himbeeren oder Erdbeeren
250 g Brombeeren oder Heidelbeeren
2 Stangen Rhabarber
2 unbehandelte Orangen
150 g Zucker
150 ml Weißwein
1 Vanilleschote

Dessert
für 6 Personen

Planung: *Der Beerensalat kann 12 Std. im Voraus zubereitet werden.*

Den Rhabarber mit einem Sparschäler schälen und in etwa 1 cm große Stücke schneiden.
Die Beeren (bis auf die Himbeeren) waschen und abtropfen lassen.
Die Orangenschale mit dem Zestenreißer abschälen und die Früchte auspressen.
Den Zucker in einer Kasserolle bei geringer Hitze erwärmen, bis er zu karamellisieren beginnt. Den Wein angießen. Die Vanilleschote aufschlitzen und mit dem Orangensaft und der Orangenschale hinzufügen. Umrühren und die Beeren und den Rhabarber untermischen.
Das Ganze zum Kochen bringen und 10 Min. bei geringer Hitze köcheln lassen. Den Schaum, der sich während des Kochens an der Oberfläche bildet, mit einem Schaumlöffel abschöpfen.
Die Vanilleschote herausnehmen, den Beerensalat abkühlen lassen, zudecken und in den Kühlschrank stellen.

Sophies Tipp

Werfen Sie Vanilleschoten, die Sie bereits gebraucht haben, nicht weg. Trocknen Sie die Schoten und legen Sie sie in Ihre Zuckerdose, um den Zucker damit zu aromatisieren.

Melonensalat mit Erdbeeren

3 Zuckermelonen (Honigmelonen, Cantaloup, Charentais …)
500 g Erdbeeren
100 g Zucker
200 ml Sauternes oder einen anderen edelsüßen Likörweißwein
12 Minzeblätter
6 Sternanis

Dessert
für 6 Personen

Planung: Der Melonensalat kann 2 Std. im Voraus zubereitet werden. Geben Sie die Minze aber erst unmittelbar vor dem Servieren dazu.

Die Erdbeeren waschen, die Stielansätze entfernen und große Früchte halbieren.
Die Melonen halbieren und die Kerne mit einem Esslöffel herauskratzen.
Die Melonenhälften an der Unterseite etwas begradigen, damit sie besser stehen.
Mit einem Kugelausstecher kleine Kugeln aus dem Fruchtfleisch stechen und diese in eine Salatschüssel geben.
Die Melonenkugeln mit den Erdbeeren, dem Zucker, dem Likörwein und den fein geschnittenen Minzeblättern mischen.
Den Salat auf die sechs Melonenhälften verteilen und jeweils mit einem Sternanis verzieren.
Die Melonenhälften mit Frischhaltefolie abdecken und in den Kühlschrank stellen.

Sophies Tipp

Achten Sie beim Einkauf darauf, dass die Melonen schwer sind und die Schale nicht fleckig ist. Außerdem sollten die Melonen auf der dem Stielansatz gegenüberliegenden Seite einen kleinen Blütenansatz haben.

Und das sollte auch nicht fehlen

Bei den Salaten für mein Buffet serviere die Sauce getrennt. So kann sich jeder den Salat nach seinem Geschmack zubereiten, und wenn am Ende des Abends etwas übrigbleibt, kann es auch bis zum nächsten Tag aufgehoben werden. Im Folgenden finden Sie zwei köstliche Saucenrezepte. Dekorieren Sie Ihr Buffet außerdem mit Fruchtspießen, die Sie in einen Kürbis oder ein umgedrehtes Sieb stecken.

> Vinaigrette mit Ei

2 hartgekochte Eier
1 TL Dijonsenf
Salz & Pfeffer
5 EL Balsamico-Essig
18 EL Olivenöl
2 EL fein gehackte Kräuter

Die Eier mit einer Gabel zerdrücken und in einer kleinen Schüssel mit Senf, Salz, Pfeffer und Essig vermengen. Das Öl und zum Schluss die Kräuter untermischen und die Sauce gegebenenfalls noch einmal abschmecken.

> Verlängerte Mayonnaise

2 zimmerwarme Eigelb
1 TL Dijonsenf
300 ml Sonnenblumenöl
Salz & Pfeffer
1 EL Balsamico- oder Sherryessig
3 EL kaltes Wasser

Das Eigelb in einer kleinen Schüssel kräftig mit dem Senf verquirlen und danach 1 Min. ruhen lassen. Das Öl nach und nach angießen und dabei mit dem Schneebesen immer in der gleichen Richtung rühren. Mit Salz und Pfeffer würzen, den Essig und zum Schluss das Wasser unterschlagen.

> Fruchtspieße

Schälen Sie Früchte Ihrer Wahl, schneiden Sie sie in Stücke und stecken Sie diese abwechselnd auf lange Holzspieße.

Dekorationstipp: Schüsseln und Schalen

Die Schale auf dem Foto rechts wurde mit Chinakohlblättern umhüllt, die mit Bast befestigt wurden. Wenn Sie keinen Kohl zur Hand haben, nehmen Sie stattdessen blanchierte Lauchstreifen. Schneiden Sie die Streifen auf eine Länge zurecht, verbinden Sie sie miteinander und setzen Sie die Schale hinein.
Sie können Ihre Schüsseln auch mit Bändern oder Federn verzieren, die farblich auf Ihr Buffet abgestimmt sind und die Sie mit doppelseitigem Klebeband befestigen. Hübsch sieht es auch aus, wenn Sie Ihre Schälchen in einen Kranz aus Stangenbohnen setzen, die Sie auf einen Draht aufgefädelt haben.

Die kleinen Finessen des Buffets

Dieses Buffet verbreitet eine ländliche Atmosphäre.
Es ist auf einer grünen Tischdecke angerichtet.
Kleine essbare Blüten wie Rosen, Kapuzinerkresse oder Stiefmütterchen eignen sich nicht nur als Dekoration, Sie können damit auch das Wasser, das in Karaffen serviert wird, aromatisieren.
Gläser und Karaffen im Bistro-Stil verleihen dem Buffet einen schlichten, transparenten Charakter.
Den Tellerständer, auf dem Teller und Besteck bereitliegen, finden Sie mit etwas Glück beim Trödler.
Das Brot wird in Salatschüsseln serviert.

Brunchbuffet

Eier im Töpfchen mit Lachsrogen

Vorspeise
für 6 Personen

6 Eier
150 g Lachsrogen oder falscher Kaviar
6 TL Crème double*
6 Stängel Schnittlauch
frisch gemahlener Pfeffer

Planung: *Die Eier können 3 Std. im Voraus vorbereitet werden. Bereiten Sie die Auflaufförmchen vor, decken Sie sie mit Alufolie ab und stellen Sie sie in den Kühlschrank. Garen Sie die Eier aber erst unmittelbar vor dem Servieren.*

Den Backofen auf 180 °C (Umluft 160 °C) vorheizen.
Die Eier in sechs Auflaufförmchen oder schmale Gläser schlagen. Den Lachsrogen, die Crème double und den fein geschnittenen Schnittlauch dazugeben und mit Pfeffer würzen. Die Eier nicht salzen, der Lachsrogen ist salzig genug.
Die Förmchen in eine Auflaufform stellen und diese bis zur halben Höhe der Förmchen mit Wasser füllen.
Die Form mit Pergamentpapier oder Alufolie abdecken und die Eier 4 Min. im Backofen garen.
Die Förmchen aus dem Wasserbad nehmen, abtrocknen und sofort servieren.

Sophies Tipp

Anstelle der Eier im Töpfchen können Sie auch weiche Eier (Kochzeit 4 Min.) servieren, in die Sie gebratene Bacon-Streifen stecken. / Damit Eier beim Kochen nicht aufplatzen, kann man drei gebrauchte Streichhölzer ins Kochwasser geben.

Bauernfrühstück

4 festkochende Kartoffeln
1 Zwiebel
3 Chipolatas oder ähnliche kleine Bratwürstchen
4 Scheiben Speck ohne Schwarte
150 g Käse (Mimolette*, Cheddar ...)
25 g Butter
Salz & Pfeffer
4 Eier
3 Stängel Schnittlauch

Hauptgericht
für 6 Personen

Planung: *Das Bauernfrühstück wird am besten frisch zubereitet. Sie können es aber mit Alufolie abgedeckt bei 120 °C (Umluft 100 °C) im Backofen warm halten.*

Die Kartoffeln waschen und 15 Min. in kochendem Salzwasser garen. Abgießen und unter fließendem kaltem Wasser abschrecken, damit sie fest bleiben. Die Kartoffeln pellen und in Scheiben schneiden. Die Zwiebel schälen und in Ringe schneiden.
Die Würstchen in je vier Stücke schneiden. Den Speck und den Käse würfeln. Die Butter bei mittlerer Hitze in einer Pfanne zerlassen und den Speck 8 Min. darin braten, bis er goldgelb und knusprig ist. Die Zwiebel, die Würstchen und die Kartoffeln dazugeben. Umrühren und das Ganze weitere 8 Min. braten. Anschließend den Käse unterheben und mit Salz und Pfeffer würzen. Die Eier über der Pfanne aufschlagen, umrühren und alles nochmals 5 Min. braten.
Den Schnittlauch fein schneiden und das Bauernfrühstück damit bestreuen.

Sophies Tipp

Das Bauernfrühstück auf Untertassen anrichten und jeweils neben das Gedeck des Gastes stellen.

Frühstückscocktail

Getränk
für 6 Personen

4 Orangen
200 g Früchte (Erdbeeren, Mangos, Birnen, Bananen …)
2 Becher cremiger Naturjoghurt (à 150 g)
2 EL Akazienhonig
5 Eiswürfel

Planung: Der Frühstückscocktail wird frisch zubereitet. Sie können die vorbereiteten Zutaten (bis auf die Eiswürfel) allerdings im Voraus in den Mixer geben. Vor dem Servieren fügen Sie dann die Eiswürfel hinzu und pürieren das Ganze.

Die Früchte gegebenenfalls schälen und mit Ausnahme der Beeren kleinschneiden.
Die Früchte mit dem Joghurt und dem Honig 5 Sek. im Mixer pürieren.
Die Eiswürfel hinzufügen und das Ganze nochmals 5 Sek. mixen.
Den Cocktail in Gläser füllen und mit Strohhalmen servieren.

Sophies Tipp

Den Joghurt können Sie durch drei Kugeln Vanilleeis ersetzen. So erhalten Sie einen köstlichen Milchshake.

Zimtäpfel

6 Äpfel (z. B. Golden Delicious)
180 g gesalzene Butter
75 g Streu- oder Rohrzucker
2 EL Zimt
3 Zimtstangen

Dessert
für 6 Personen

Planung: Die Zimtäpfel können 24 Std. im Voraus zubereitet, müssen dann allerdings kalt serviert werden.

Den Backofen auf 160 °C (Umluft 140 °C) vorheizen.
Die Äpfel waschen und die Kerngehäuse mit einem Apfelausstecher entfernen.
Die Butter mit dem Zucker und dem Zimt vermengen, in die Äpfel füllen und jeden Apfel einzeln in Alufolie verpacken.
Die Äpfel auf ein Backblech setzen und 45 Min. backen.
Die fertigen Zimtäpfel auf Untertassen anrichten, jeweils mit einer halben Zimtstange garnieren und lauwarm oder kalt servieren.

Sophies Tipp

Das Rezept kann auch mit Birnen zubereitet werden. Ersetzen Sie den Zimt dann durch Vanille.

Müsli à la Sophie

250 g Haferflocken
500 ml Vollmilch
10 getrocknete Aprikosen
1 roter Apfel
Saft einer Zitrone
80 g brauner Zucker
1 TL Zimt (nach Belieben)
25 g gehackte Walnusskerne
2 Becher cremiger Naturjoghurt
(à 150 g)

Dessert
für 6 Personen

Planung: Das Müsli kann 3 Std. im Voraus zubereitet werden. Den Joghurt aber erst unmittelbar vor dem Servieren dazugeben.

Am Vorabend die Haferflocken in der Milch und die Aprikosen in 300 ml lauwarmem Wasser einweichen und über Nacht ziehen lassen.
Die Aprikosen am nächsten Tag abtropfen lassen, grob hacken und unter die eingeweichten Haferflocken mischen.
Den Apfel waschen, aber nicht schälen, nur das Kerngehäuse entfernen. Das Fruchtfleisch anschließend in kleine Stücke schneiden.
Die Apfelstücke in eine Schale geben und mit dem Zitronensaft beträufeln. Die Haferflocken und die Aprikosen untermischen, das Müsli mit Zucker, Zimt und Walnusskernen bestreuen und zum Schluss den Joghurt unterrühren. Das Müsli gut gekühlt servieren.

Sophies Tipp

Angeschnittene Zitronen halten sich am besten, wenn man sie in ein Glas mit kaltem Wasser legt.

Milchreis

200 g Rundkornreis
750 ml Vollmilch
150 g Zucker
1 Vanilleschote
20 g Butter
1 Ei
2 Eigelb
1 EL Crème double*

Dessert
für 6 Personen

Planung: *Der Milchreis kann 24 Std. im Voraus zubereitet werden.*

Den Reis waschen, 2 Min. in kochendes Wasser geben und danach abtropfen lassen.
In einer beschichteten Kasserolle die Milch mit dem Zucker und der aufgeschlitzten Vanilleschote aufkochen. Den Reis nach und nach hinzugeben und 45 Min. bei geringer Hitze garen. Sobald der Reis weich ist, die Vanilleschote herausnehmen, die Butter, das Ei und die Eigelb und zum Schluss die Crème double unterziehen.
Den Reis anschließend bei Zimmertemperatur abkühlen lassen.

Sophies Tipp

Servieren Sie den Milchreis in einer hübschen Schüssel oder in Eisbechern. / Eier trennt man am besten, indem man sie über einem Sieb aufschlägt. Das Eiweiß läuft dann durch das Sieb ab, während das Eigelb darin liegenbleibt.

Schokoladencreme

200 g Zartbitterschokolade
150 ml Milch
200 ml flüssige Crème fraîche*
3 Eigelb
60 g Zucker

Dessert
für 6 Personen

Planung: *Die Schokoladencreme kann 24 Std. im Voraus zubereitet werden.*

Den Backofen auf 160 °C (Umluft 140 °C) vorheizen.
Die Schokolade in Stücke brechen, mit der Milch und der Crème fraîche in eine feuerfeste Glasschüssel geben und 90 Sek. in der Mikrowelle oder im Wasserbad schmelzen. Die Masse anschließend mit einer Gabel verrühren.
Die Eier in einer Schüssel mit dem Zucker verrühren, aber nicht schaumig schlagen. Dann nach und nach die Schokoladenmasse unterziehen.
Die Masse auf Kaffeetassen oder kleine Auflaufformen verteilen. Die Förmchen in eine Auflaufform stellen und diese bis zur halben Höhe der Förmchen mit Wasser füllen. Die Form mit Alufolie abdecken und die Creme für 30 Min. in den Backofen stellen. Die Creme sollte danach in der Mitte noch weich sein.
Die Förmchen aus dem Wasserbad nehmen, auf Zimmertemperatur abkühlen lassen und anschließend in den Kühlschrank stellen.

Sophies Tipp

Garnieren Sie die Schokoladencreme mit dunklen oder weißen Schokoladenspänen. Zum Herstellen von Schokoladenspänen eignet sich am besten ein Sparschäler.

Einfacher Cake

Dessert
für 10 Personen

3 Eier
170 g Zucker
160 g Mehl
1/3 Päckchen Backpulver
170 g gesalzene Butter

Planung: Der Kuchen kann 2 Tage im Voraus gebacken werden. Schlagen Sie den fertigen Cake in Frischhaltefolie ein und lagern Sie ihn bei Zimmertemperatur. Er ist bis zu 10 Tage haltbar.

Den Backofen auf 180 °C (Umluft 160 °C) vorheizen.
Die Eier und den Zucker in einer Schüssel mit dem Schneebesen schaumig schlagen. Das Mehl und das Backpulver einrieseln lassen und unterrühren.
Inzwischen die Butter in der Mikrowelle zerlassen und unter den Teig mischen.
Den Teig in eine beschichtete Kastenform (26 cm Länge) gießen und 40 Min. backen. Den Kuchen auskühlen lassen und danach aus der Form stürzen.
In einer Muffinform können Sie auch einzelne kleine Kuchen backen. Die Backzeit beträgt dann 30 Min.

Sophies Tipp

Zum Kuchenbacken verwende ich immer halbgesalzene Butter (max. 3 % Salz).

Und das sollte auch nicht fehlen

Das Angenehme an einem Brunch ist, dass alles gleichzeitig auf dem Tisch steht und jeder sich nehmen kann, was er möchte. Bestücken Sie Ihren Sonntagstisch also möglichst reichlich. Hier einige Tipps, was Sie außerdem unbedingt besorgen sollten.

> Gebäck

4 Croissants
4 Schokoladenbrötchen oder Schokocroissants
4 Rosinenbrötchen
Sie können auch Mini-Croissants und Mini-Gebäck kaufen.

> Brote

2 Vollkornbaguettes
10 Brötchen oder Vollkornbrötchen
1 Toastbrot (einige Scheiben vortoasten)

> Konfitüren

Stellen Sie drei verschiedene Konfitüren auf den Tisch oder – als Nonplusultra – zehn Portionsschälchen (die Sie bei Hotelaufenthalten sammeln können). Und denken Sie auch an ein Glas Honig.

> Butter

Stellen Sie auf jede Seite des Tisches ein Stück gesalzene Butter und ein Stück Süßrahmbutter oder nehmen Sie kleine Portionspäckchen.

> Getränke

Fragen Sie Ihre Gäste, was sie trinken möchten (Tee, Kaffee oder Kakao).
In jedem Fall sollten Sie Orangensaft, einen Krug mit Milch und zwei Sorten Zucker (braun und weiß) bereitstellen.
Selbstverständlich können Sie auch eine Flasche Wasser und eine Flasche Wein auf den Tisch stellen.

Hervé
Olivia
Sophie
Phil

Dekorationstipp: Servietten drapieren

Beim Brunchbuffet lege ich die zusammengerollten Servietten in einen mit Stroh gefüllten Korb. Jede Serviette trägt ein Schildchen mit dem Namen des Gastes, das ich mit braunem Bast um die Serviette gebunden habe.
Anstatt die Servietten einfach auf einen Stapel zu legen, kann man sie auch in einen hübschen Korb aus Peddigrohr oder eine kleine Holzkiste legen oder man steckt sie in kleine Tonblumentöpfe und hängt die Namensschildchen daran. Die Schildchen können aus Papier, Email, Zink (beim Blumenhändler erhältlich) oder aus Holz sein und werden mit einer Schnur oder etwas Bast, einem dünnen Draht oder einer kleinen Wäscheklammer aus Holz befestigt.
Sie können die Servietten natürlich auch dekorativ mit dem Besteck und den Gläsern arrangieren (siehe S. 88).

Die kleinen Finessen des Buffets

Das Brunchbuffet sollte Behaglichkeit und Wärme ausstrahlen.
Die Tischdecke wurde durch eine gesteppte Decke aus Baumwolle ersetzt.
Bei diesem Buffet, das man im Sitzen einnimmt, werden die Gerichte in Einzelportionen serviert und vor der Ankunft der Gäste auf den Tisch gestellt.
Die Konfitüren serviere ich in einem Gläserkorb.
Blumen und Kerzen wurden auf andere Möbel verteilt, damit auf dem Esstisch genug Platz ist.
Brot und Gebäck werden in verschiedenen Körben serviert.

Buffet für Kinder

Muschelnudel-Auflauf

300 g Muschelnudeln
30 g Butter
2 EL Crème double*
Salz & Pfeffer
4 Scheiben gekochter Schinken
150 g geriebener Emmentaler
Butter für die Form

Hauptgericht
für 6 Personen

Planung: *Der Nudelauflauf kann 24 Std. im Voraus zubereitet werden. Überbacken Sie ihn unmittelbar vor dem Servieren und halten Sie ihn im ausgeschalteten Backofen warm.*

Die Nudeln nach Packungsanweisung in einem Topf mit kochendem Salzwasser garen. Anschließend abgießen und mit der Butter und der Crème double wieder in den Topf geben. Umrühren und mit Salz und Pfeffer abschmecken.
Den Backofen auf 180 °C (Umluft 160 °C) vorheizen.
Den Schinken in Streifen schneiden und unter die Nudeln mischen.
Eine Gratinform mit Butter einfetten, die Nudeln hineingeben, mit dem Emmentaler bestreuen und 20 Min. überbacken.

Sophies Tipp

Der Schinken kann durch gekochtes Hähnchenfleisch ersetzt werden, und anstelle der Nudeln können Sie Reis verwenden. / Verfeinern Sie den Auflauf mit 200 ml Béchamelsauce.

Hähnchen-Nuggets

400 g Hähnchen- oder Putenbrustfilet
2 Eier
3 EL Mehl
6 EL Paniermehl
Salz & Pfeffer
3 EL Sonnenblumenöl

Hauptgericht
für 6 Personen

Planung: Die Nuggets können 24 Std. im Voraus zubereitet werden. Braten Sie sie aber erst unmittelbar vor dem Servieren und halten Sie sie bis zur Ankunft der Gäste bei 120 °C (Umluft 100 °C) im Backofen warm.

Die Hähnchenfilets in 3 cm breite Streifen schneiden.
Die Eier über einem Teller aufschlagen und verquirlen. Das Mehl und das Paniermehl jeweils auf einen Teller geben. Die Hähnchenstreifen zunächst im Mehl, dann im Ei und zum Schluss im Paniermehl wälzen und mit Salz und Pfeffer würzen.
Das Öl in einer beschichteten Pfanne erhitzen und die Nuggets unter gelegentlichem Wenden 8 Min. goldbraun braten.
Servieren Sie die Nuggets auf einem Teller oder auf Holzspießen.

Sophies Tipp

Wenn Sie Hähnchen noch am selben Tag zubereiten wollen, können Sie ein küchenfertiges Hähnchen kaufen. Wollen Sie es mehrere Tage im Kühlschrank lagern, sollte es noch nicht ausgenommen sein. Da die Luft dann nicht ins Innere dringen kann, verdirbt es nicht so schnell.

Knusprige Hackfleischbällchen

400 g Rinderhackfleisch
300 g Frühstücksspeck
2 Eier
Salz & Pfeffer
4 EL Paniermehl
2 EL Sonnenblumenöl

Amuse-Gueule
für 6 Personen

Planung: Die Hackfleischbällchen können 12 Std. im Voraus zubereitet werden. Braten Sie sie aber erst unmittelbar vor dem Servieren.

Den Frühstücksspeck fein würfeln und in einer Schüssel mit dem Hackfleisch vermengen. Die Eier untermengen und mit Salz und Pfeffer würzen.
Aus dem Fleischteig mit angefeuchteten Händen 12 kleine Frikadellen formen und im Paniermehl wenden.
Das Öl in einer beschichteten Pfanne gut erhitzen und die Frikadellen 8 Min. goldbraun braten.

Sophies Tipp

Der Schinken oder das Hackfleisch kann auch durch 200 g geriebenen Käse ersetzt werden. / Spießen Sie die Hackfleischbällchen abwechselnd mit in kleine Stücke geschnittenen Croque-Monsieurs auf Holzspieße auf.*

Eier mit Lachscreme

6 zimmerwarme Eier
1 kleine Dose Lachs oder Thunfisch im eigenen Saft
3 EL Mayonnaise
4 Stängel Schnittlauch
Salz & Pfeffer
6 Salatblätter
6 entsteinte grüne Oliven

Vorspeise
für 6 Personen

Planung: *Die gefüllten Eier können 2 Std. im Voraus zubereitet werden.*

Die Eier 9 Min. in siedendem Salzwasser kochen und anschließend unter fließendem kaltem Wasser abschrecken. Die Eier pellen und der Länge nach halbieren.
Das Eigelb mit einem Teelöffel herausheben und in einer Schüssel mit einer Gabel zerdrücken. Mit dem abgetropften Lachs oder Thunfisch, der Mayonnaise und dem fein geschnittenen Schnittlauch vermengen und mit Salz und Pfeffer würzen.
Die Creme mit einem Teelöffel in die Eierhälften füllen. Die gefüllten Eier auf den Salatblättern anrichten, mit den Oliven garnieren, zudecken und in den Kühlschrank stellen. Die gefüllten Eier gut gekühlt servieren.

Sophies Tipp

Sie können die Eier auch im Ganzen füllen. Schneiden Sie dazu nur einen kleinen Deckel von den hartgekochten Eiern ab. Servieren Sie sie dann in einem Eierbecher. / Kleine Eier enthalten übrigens die gleiche Menge an Nährstoffen wie große.

Erdbeeromelett

6 Eier
100 g Zucker
250 g Erdbeeren
25 g Butter
2 EL Puderzucker (nach Belieben)

Dessert
für 6 Personen

Planung: Das Erdbeeromelett kann 2 Std. im Voraus zubereitet werden. Decken Sie das fertige Omelett ab und stellen Sie es an einen kühlen Ort.

Die Eier über einer Schüssel aufschlagen und mit einer Gabel kräftig mit dem Zucker verquirlen. Die Erdbeeren waschen, die Stielansätze entfernen und die Früchte halbieren. Die Erdbeeren anschließend mit dem Ei vermischen. Die Butter in einer beschichteten Pfanne erhitzen und die Eiermasse darin etwa 8 Min. bei mittlerer Hitze stocken lassen.
Das Omelett auf einen Teller gleiten und auf Zimmertemperatur abkühlen lassen. Das Omelett mit Puderzucker bestäubt servieren.

Sophies Tipp

Erdbeeren, Kirschen oder Weintrauben immer erst nach dem Waschen entstielen. Sie saugen sich sonst mit Wasser voll.

Gefüllte Blätterteigschweinchen

Amuse-Gueule
für 6 Personen

6 Frankfurter Würstchen
1 Portion backfertiger Blätterteig
1 Eigelb
1 EL Wasser
etwas Butter

Planung: Die Blätterteigschweinchen können 24 Std. im Voraus zubereitet werden. Decken Sie sie anschließend ab und stellen Sie sie in den Kühlschrank. Backen Sie sie erst direkt vor dem Servieren und halten Sie sie im ausgeschalteten Backofen warm.

Den Backofen auf 180 °C (Umluft 160 °C) vorheizen.
Die Würstchen halbieren.
Den Blätterteig ausrollen und 12 Rechtecke (12 x 6 cm) ausschneiden.
Jede Wursthälfte in ein Blätterteigrechteck einschlagen.
Aus dem restlichen Teig kleine Dreiecke für die Ohren und kleine Ringelschwänze formen und ankleben.
Das Eigelb mit dem Wasser verquirlen und den Blätterteig mit einem Backpinsel oder einem Stück Küchenpapier damit bestreichen. Ein Backblech mit Backpapier auslegen und das Papier mit Butter einfetten. Die Schweinchen daraufsetzen und 20 Min. backen.

Sophies Tipp

Tiefgekühlten Blätterteig 1 Std. vor der Zubereitung bei Zimmertemperatur auftauen lassen. Fertigen Blätterteig bekommen Sie unter Umständen auch bei Ihrem Bäcker. Er ist natürlich noch besser.

Schokoladenkaramell

Dessert
für 6 Personen

250 g Schokoladensplitter
30 g gesalzene Butter
300 g Zucker
150 ml Vollmilch
120 g Marshmallows
etwas Butter

Planung: *Der Schokoladenkaramell kann 2 Tage im Voraus zubereitet werden.*

Die Butter in einer beschichteten Kasserolle zerlassen. Den Zucker und die Milch hinzufügen und das Ganze 8 Min. bei geringer Hitze im offenen Topf kochen lassen. Die Schokolade und die Marshmallows dazugeben und alles weitere 5 Min. bei mittlerer Hitze unter ständigem Rühren kochen. Die Marshmallows müssen danach geschmolzen sein.
Eine quadratische Form (24 cm Seitenlänge) mit Backpapier auslegen.
Das Papier einfetten, die Masse in die Form gießen und mindestens 4 Std. in den Kühlschrank stellen.
Den Schokoladenkaramell anschließend aus der Form stürzen und in kleine Quadrate zerteilen.

Sophies Tipp

Um den Geschmack von Süßspeisen zu unterstreichen, gebe ich stets eine Prise Salz dazu. Das ist auch der Grund, weshalb ich für mein Gebäck stets halbgesalzene Butter (max. 3 % Salz) verwende.

Schokoladenkuchen

200 g Schokolade
125 g weiche gesalzene Butter
125 g Mehl
1/2 Päckchen Backpulver
4 Eier
200 g Zucker
Butter für die Form

Dessert
für 6 Personen

Planung: Der Kuchen kann 2 Tage im Voraus gebacken und zugedeckt an einem kühlen Ort aufbewahrt werden.

Den Backofen auf 180 °C (Umluft 160 °C) vorheizen.
Die Schokolade mit der Butter in einer Kasserolle auf dem Herd oder in einer geeigneten Schüssel in der Mikrowelle schmelzen. Die Kasserolle anschließend vom Herd nehmen und das Mehl und das Backpulver unterrühren.
Die Eier trennen. Das Eigelb in einer Schüssel mit dem Zucker schaumig schlagen und anschließend unter den Schokoladenteig mischen.
Das Eiweiß steif schlagen und den Eischnee vorsichtig unter den Teig heben.
Den Teig in eine gefettete Rundform (28 cm Durchmesser) füllen und 30 Min. backen.
Den Kuchen auskühlen lassen, anschließend aus der Form stürzen, in Quadrate zerteilen und diese pyramidenförmig auf einer Platte anrichten.

Sophies Tipp

Damit Ihre Kuchen besonders locker werden, die Hälfte des im Rezept angegebenen Mehls durch Kartoffelstärke ersetzen.

Schoko-Reiscracker

Dessert
für 6 Personen

100 g Reiscrispies, natur oder mit Schokolade
50 g Butter
4 Mars-Riegel
6 Schokoladensticks (z. B. Mikado)

Planung: Die Reiscracker können 24 Std. im Voraus zubereitet werden.

40 g Butter in einer beschichteten Kasserolle auf dem Herd oder in einer geeigneten Schüssel in der Mikrowelle zerlassen. Die in Stücke geschnittenen Mars-Riegel dazugeben und bei geringer Hitze 5 bis 10 Min. schmelzen lassen.
Die Reiscrispies hinzufügen und gut umrühren.
Eine quadratische Form (24 cm Seitenlänge) mit Backpapier auslegen und das Papier einfetten. Die Masse gleichmäßig darin verstreichen und auf Zimmertemperatur abkühlen lassen. Die Form anschließend in den Kühlschrank stellen.
Die erkaltete Masse in sechs Quadrate zerteilen und diese mit einem Mikado-Stick garniert auf einem großen Teller anrichten.

Sophies Tipp

Wenn Sie einen Schokoladenkuchen backen, geben Sie eine Handvoll Cornflakes in den Teig. So bekommt der Kuchen »Biss«.

Biskuitkuchen mit Konfitüre

4 Eier
200 g Zucker
100 g Mehl
5 EL Konfitüre
Schlagsahne
Butter für die Form

Dessert
für 6 Personen

Planung: Der Biskuitkuchen kann 24 Std. im Voraus gebacken werden. Garnieren Sie ihn aber erst unmittelbar vor dem Servieren mit der Schlagsahne.

Den Backofen auf 180 °C (Umluft 160 °C) vorheizen.
Die Eier trennen. Das Eigelb in einer Schüssel mit dem Zucker schaumig schlagen und danach das Mehl unterrühren. Das Eiweiß steif schlagen und den Eischnee vorsichtig unter den Teig heben.
Den Teig in eine gefettete Rundform (28 cm Durchmesser) füllen und 30 Min. backen. Der Kuchen ist durchgebacken, wenn die Messerspitze, die manprobeweise hineinsticht, trocken bleibt.
Den Biskuit auskühlen lassen, anschließend aus der Form stürzen und mit einem großen Brotmesser waagerecht in zwei gleich dicke Böden teilen.
Den unteren Boden mit Konfitüre bestreichen, die zweite Teigplatte auflegen und den Kuchen oben mit Schlagsahne garnieren.

Sophies Tipp

Wenn ich Eischnee schlage, gebe ich zum Schluss immer 1 EL Zucker dazu.

Und das sollte auch nicht fehlen

Eines sollte man auf einem Buffet für Kinder keinesfalls vergessen: die Bonbons. Im Folgenden finden Sie eine besonders lustige Art der Präsentation. Wie die Erwachsenen bekommen auch die Kinder »ihren« Cocktail: einen leckeren Milchshake mit Erdbeeren. Außerdem finden Sie auch hier wieder ein paar Tipps für den Einkauf.

> Bonbonspieße

2 Beutel Gummibärchen oder andere Weingummis
10 lange Holzspieße

Die Gummibärchen einzeln auf die Spieße stecken. Die Spitzen der Spieße mit einer Schere abschneiden und die Spieße in ein dekoratives umgedrehtes Sieb stecken.

> Erdbeershake

600 ml Vollmilch
6 Kugeln Erdbeereis
125 g Erdbeeren

Die Milch, das Eis und die gewaschenen und entstielten Erdbeeren 30 Sek. im Mixer schaumig aufschlagen. Der Milchshake kann auch mit Pfirsichen, Kirschen, Erdbeeren und Bananen zubereitet und nach Belieben mit 1 EL Kakaopulver verfeinert werden.

> Und außerdem

1 Schale mit Mayonnaise
1 Schale mit Ketchup
1 Packung kleine, einzeln verpackte Käse-Snacks (z. B. Apéricubes, Mini-Babybel, …)
20 Mini-Salamis
1 kg Pommes frites

Dekorationstipp: Wundertüten

Auf dem Buffet findet jedes Kind ein Geschenk.
Besorgen Sie bunte Geschenktüten, die Sie, je nachdem, ob das Geschenk für einen Jungen oder ein Mädchen bestimmt ist, mit verschiedenfarbigen Bändern verschließen.
Sie können aber auch runde Pappschachteln kaufen und sie mit Blättern, Heften, Stiften, Radiergummis usw. füllen. Oder Sie basteln aus buntem Tonpapier kleine Schultüten, die Sie mit einem großen runden Etikett verschließen, auf das Sie »Mädchen« oder »Junge« schreiben. Sie können auch eine Schatzsuche organisieren, indem Sie Umschläge mit kleinen Botschaften verteilen.
Wählen Sie für das Kinderbuffet immer möglichst kräftige Farben.

Die kleinen Finessen des Buffets

Dieses bunte, verspielte Buffet wurde auf einem niedrigen, der Größe der Kinder angepassten Tisch angerichtet.
Als Tischdecke empfiehlt sich eine beschichtete Wachstuchdecke oder auch eine Papiertischdecke.
Das Lieblingsgeschirr bleibt, falls etwas zu Bruch gehen sollte, besser im Schrank – mit buntem Plastik- oder Pappgeschirr und Papierservietten lässt sich für kleine Gäste ein mindestens ebenso ansprechendes Buffet gestalten.
Denken Sie an Strohhalme für die Getränke und dekorieren Sie das Buffet mit bunten Luftballons und Lichtergirlanden.
Bestellen Sie beim Bäcker Brötchen oder kleine Brote in Tierform, in Gestalt von Clowns …, die Sie in einer kleinen Tonne oder einem anderen Spielzeug (einem Spielzeuglaster, einer Kutsche …) servieren.

Süßes Buffet

Mousse au chocolat »de luxe«

250 g Schokolade
(60 % oder 70 % Kakaoanteil)
50 g gesalzene Butter
6 Eier
50 g Zucker

Dessert
für 6 Personen

Planung: Die Mousse au chocolat sollte mindestens 6 Std. im Voraus, am besten bereits am Vortag, zubereitet werden.

Die Schokolade in Stücke brechen und mit der Butter etwa 2 Min. in einer geeigneten Schüssel in der Mikrowelle oder im Wasserbad schmelzen.
Die Eier trennen. Das Eiweiß in eine Schüssel geben. Das Eigelb mit dem Schneebesen gut mit der Schokolade verrühren, bis eine glatte Masse entstanden ist. Das Eiweiß sehr steif schlagen und dabei den Zucker einrieseln lassen. Den Eischnee vorsichtig unter die Schokoladenmasse heben.
Den Rand der Schüssel säubern, wenn Sie die Mousse darin servieren wollen.
Die fertige Mousse mindestens 6 Std. in den Kühlschrank stellen.

Sophies Tipp

Die Mousse au chocolat in einer Glasschüssel, in Gläsern, Eisbechern oder Tassen mit Untertassen servieren.

Tiramisu mit Sommerfrüchten

Dessert
für 6 Personen

50 ml Grenadinesirup
200 ml lauwarmes Wasser
30 Löffelbiskuits
5 Pfirsiche oder Nektarinen
500 g Himbeeren
5 Eier
500 g Mascarpone
70 g Zucker

Planung: Das Tiramisu sollte mindestens 6 Std. im Voraus, am besten bereits am Vortag, zubereitet werden.

In einem tiefen Teller den Sirup mit dem Wasser verrühren. Die Löffelbiskuits kurz darin tränken und den Boden einer rechteckigen Form (30 x 20 cm) vollständig damit auslegen.
Die Pfirsiche oder Nektarinen schälen und entsteinen. Das Fruchtfleisch würfeln und mit den Himbeeren auf den Biskuits verteilen.
Die Eier trennen. Das Eiweiß sehr steif schlagen. Den Mascarpone mit Hilfe eines Schneebesens mit dem Eigelb und dem Zucker verrühren.
Den Eischnee unterheben und die Masse auf den Biskuits verteilen.
Das Tiramisu mindestens 6 Std. in den Kühlschrank stellen, unmittelbar vor dem Servieren herausnehmen und in der Form servieren.

Sophies Tipp

Sie können jedes beliebige Obst, ob frisch oder aus der Dose (gut abtropfen lassen), verwenden. Tiefgefrorene Früchte würde ich allerdings nicht nehmen, da sie zu viel Flüssigkeit abgeben. / Als Nonplusultra können Sie das Tiramisu vor dem Servieren mit Mandelsplittern bestreuen, die Sie vorher 2 Min. bei starker Hitze ohne Zugabe von Fett geröstet haben.

Crème caramel

Dessert
für 6 Personen

Für den Karamell
100 g Zucker
1 EL Wasser

Für die Creme
750 ml Vollmilch
1 Vanilleschote
8 Eier
200 g Zucker

Planung: Die Crème caramel kann 24 Std. im Voraus zubereitet werden.

Den Backofen auf 160 °C (Umluft 140 °C) vorheizen.
Für den Karamell den Zucker mit dem Wasser in einer Kasserolle erhitzen, bis ein goldgelber Karamell entstanden ist. Vorsicht, das geht sehr schnell!
Den Karamell in eine beschichtete Charlottenform* oder eine feuerfeste Glasform (18 cm Durchmesser) gießen oder auf eine Pyramidenform mit neun Förmchen verteilen.
Für die Creme die Milch mit der aufgeschlitzten Vanilleschote bei geringer Hitze in einer beschichteten Kasserolle oder in der Mikrowelle erhitzen.
In der Zwischenzeit die Eier kräftig mit dem Zucker verrühren. Die Vanilleschote aus der Milch nehmen und die Milch unter die Eiermasse rühren.
Die Creme anschließend auf den Karamell gießen.
Die Form in ein Wasserbad und diese 45 Min. in den Backofen stellen. Die Crème caramel anschließend abkühlen lassen und aus der Form stürzen.

Sophies Tipp

Werfen Sie Joghurtbecher aus Glas nicht weg. Sie können sie als Formen für Cremes verwenden. / Wenn Sie nur die Eigelb verwenden und den Karamell weglassen, erhalten Sie eine süße Eiermilchcreme.

Crumble mit roten Früchten

800 g rote Früchte (Himbeeren, Kirschen, Erdbeeren …)
100 g gesalzene Butter (max. 3 % Salz)
100 g Puderzucker
100 g Mehl (Type 550)
20 g gemahlene Mandeln
1 Eigelb
1 Päckchen Vanillezucker
Butter für die Form

Dessert
für 6 Personen

*) **Planung:** Im Gegensatz zu Streuselkuchen wird ein Crumble* auch gern lauwarm serviert. Er kann 24 Std. im Voraus zubereitet werden. Dann müssen Sie ihn allerdings kalt servieren, da er sich nicht aufwärmen lässt.*

Den Backofen auf 180 °C (Umluft 160 °C) vorheizen.
Die Früchte waschen, gegebenenfalls entstielen und in einer gefetteten Auflaufform (30 x 20 cm) verteilen.
Die Butter in kleine Stücke schneiden und in einer Schüssel mit dem Zucker, dem Mehl, den Mandeln und dem Eigelb zu einem krümeligen Teig verkneten. Die Streusel auf den Früchten verteilen und mit Vanillezucker bestreuen.
Den Kuchen in den Backofen stellen und 35 Min. backen, bis die Streusel oben goldgelb sind. Anschließend auf Zimmertemperatur abkühlen lassen und in der Form servieren.

Sophies Tipp

Sie können auch verschiedene kleine Kuchen backen, indem Sie die unterschiedlichen Früchte auf kleine Förmchen verteilen. Denken Sie dann aber daran, dass sich die Backzeit dadurch verkürzt.

Clafoutis mit Birnen

6 Birnen (Williams Christ oder Comice)
Butter für die Form
6 Eier
180 g Zucker
100 g Mehl
250 ml Vollmilch
500 ml flüssige Crème fraîche*

Dessert
für 6 Personen

Planung: *Der Clafoutis* kann 24 Std. im Voraus zubereitet werden.*

Den Backofen auf 180 °C (Umluft 160 °C) vorheizen.
Die Birnen schälen und würfeln. Eine Auflaufform (30 x 20 cm) mit der Butter einfetten und die Birnenstücke darin verteilen.
Die Eier und den Zucker in einer Schüssel kräftig mit dem Schneebesen verrühren und danach das Mehl untermengen. Die Milch erhitzen und mit der Crème fraîche unter den Teig rühren.
Den Teig auf den Birnen verteilen und den Clafoutis 35 Min. backen.
Anschließend auf Zimmertemperatur abkühlen lassen und in der Form servieren.

Sophies Tipp

Anstelle der Birnen können Sie auch Pfirsiche, Bananen, Himbeeren oder – ganz klassisch – Kirschen verwenden.

Erdbeercharlotte

500 g Erdbeeren
50 ml Erdbeersirup
100 ml lauwarmes Wasser
1 EL Puderzucker
30 Löffelbiskuits
250 g Quark (40 % Fett)
125 g Zucker
1 Päckchen Vanillezucker
150 ml Crème double*

Dessert
für 6 Personen

Planung: Die Erdbeercharlotte* sollte mindestens 12 Std. im Voraus, besser noch am Vortag, zubereitet werden.

In einem tiefen Teller das Wasser mit dem Erdbeersirup verrühren. Den Puderzucker hinzufügen. Die Löffelbiskuits kurz darin tränken und Boden und Wände einer Charlottenform* (18 cm Durchmesser) damit auskleiden. Einige Biskuits zum Abdecken zurückbehalten.
Die Erdbeeren unter fließendem Wasser waschen und die Stielansätze entfernen. Den Quark mit Zucker, Vanillezucker und der Crème double verschlagen und danach vorsichtig die Früchte unterheben. Die Masse in die Charlottenform füllen und das Ganze mit den restlichen, ebenfalls im Erdbeersirup getränkten Löffelbiskuits bedecken.
Einen Teller auf die Form geben, die Charlotte beschweren, zum Beispiel mit einer Kilopackung Mehl, und mindestens 12 Std. in den Kühlschrank stellen.
Die Form unmittelbar vor dem Servieren 3 Sek. in heißes Wasser tauchen und die Charlotte aus der Form stürzen.

Sophies Tipp

Gewöhnlich bereitet man eine Charlotte in einer Charlottenform zu. Sie können dazu aber auch eine Rundform oder eine kleine Schüssel aus feuerfestem Glas verwenden. / Anstatt mit Erdbeeren können Sie die Charlotte auch mit Pfirsichen, Himbeeren oder anderen Früchten zubereiten.

Schnee-Eier

6 Eier
20 g Puderzucker
500 ml Vollmilch
1 Vanilleschote
125 g Zucker

Dessert
für 6 Personen

Planung: *Die Schnee-Eier können 24 Std. im Voraus zubereitet werden.*

Die Eier trennen und das Eiweiß mit dem Puderzucker steif schlagen. Die Milch mit der aufgeschlitzten Vanilleschote in einer Kasserolle erhitzen. Das Eigelb und den Zucker mit dem Schneebesen schaumig schlagen. Anschließend nach und nach die heiße Milch mit der Vanilleschote unterrühren. Dabei ständig mit dem Schneebesen weiterschlagen. Die Mischung in die Kasserolle zurückgießen und bei geringer Hitze unter ständigem Rühren etwa 5 Min. erwärmen – aber nicht mehr kochen lassen –, bis die Creme eindickt. Um festzustellen, ob die Creme fertig ist, mit dem Finger über den Löffelrücken fahren. Die Creme darf dann nicht mehr zusammenlaufen. Die Kasserolle vom Herd nehmen und die Creme in eine breite Schüssel füllen. Die Vanilleschote herausnehmen und die Creme abkühlen lassen. Dabei gelegentlich umrühren.
In einer breiten Kasserolle oder einer Pfanne Wasser zum Kochen bringen. Mit einem Esslöffel oder einem Eisportionierer Kugeln vom Eischnee abstechen und vorsichtig in das kochende Wasser geben. Die Schnee-Eier nach etwa 1 Min., sobald sie aufgegangen sind, mit einer Schaumkelle herausheben und auf Küchenpapier oder einem sauberen Geschirrtuch abtropfen lassen. Die Schnee-Eier auf der erkalteten Creme anrichten und die Schüssel in den Kühlschrank stellen.

Sophies Tipp

Die Schnee-Eier direkt vor dem Servieren mit kandierten Mandeln, Erdbeeren oder Himbeeren, Schokoladen- oder Krokantsplittern bestreuen. / Die Englische Creme kann auch durch ein Coulis von roten Früchten (siehe Rezept S. 181) ersetzt werden.*

Aprikosensuppe

Dessert
für 6 Personen

500 g frische Aprikosen
50 ml Wasser
150 g Zucker
500 ml Rotwein
2 Scheiben Toastbrot oder Baguette
15 g Butter
1 Msp. Zimt

Planung: Die Aprikosensuppe kann 24 Std. im Voraus zubereitet werden.

Die Aprikosen waschen, entsteinen und mit dem Wasser in einer Kasserolle zu Mus einkochen lassen. Den Zucker und den Wein hinzufügen, aufkochen und 10 Min. bei geringer Hitze köcheln lassen.
Die Brotscheiben würfeln. Die Butter in einer Pfanne erhitzen und die Croûtons darin goldbraun rösten. Anschließend auf Küchenpapier abtropfen lassen und mit dem Zimt bestreuen.
Die Suppe abkühlen lassen und unmittelbar vor dem Servieren mit den Croûtons bestreuen.

Sophies Tipp

Füllen Sie die Suppe in eine Suppenterrine oder sehen Sie sich beim Trödler nach einem anderen dekorativen Gefäß um. / Das Rezept kann auch mit Kirschen zubereitet werden. Den Zimt dann durch gemahlene Vanille ersetzen.

Und das sollte auch nicht fehlen

Ich habe schon häufig festgestellt, dass meine Gäste nach dem Essen gerne Obst essen. Kaufen Sie deshalb ausreichend (mindestens 2 kg) frische Früchte der Saison (Weintrauben, Clementinen, Kirschen ...), die Sie in einer Schale, einem dekorativen Sieb oder einem anderen hübschen Gefäß anrichten. Außerdem serviere ich zu diesem Buffet zwei Saucen.

Schokoladensauce

100 g Zartbitterschokolade
(60 % oder 70 % Kakaoanteil)
50 ml Wasser
*50 ml flüssige Crème fraîche**

Die Schokolade in Stücke brechen und mit dem Wasser im Wasserbad schmelzen. Die Crème fraîche einrühren, die Sauce abdecken und kühl stellen. Sollte sie dabei eindicken, vor dem Servieren noch einmal bei geringer Hitze erwärmen.

Coulis* von roten Früchten

125 g frische oder tiefgefrorene rote Früchte
(Erdbeeren, Himbeeren, Heidelbeeren ...)
20 g Zucker
200 ml Wasser
1 TL Zitronensaft

Den Zucker mit dem Wasser in einer Kasserolle aufkochen. Sobald der Sirup kocht, den Topf vom Herd nehmen. Die Früchte mit dem Zitronensaft 15 Sek. mit dem Pürierstab oder im Mixer pürieren. Den Sirup dazugießen und das Ganze nochmals 5 Sek. aufschlagen. Das Püree danach gegebenenfalls noch durch ein feines Sieb passieren, um die Kerne zu entfernen. Die Schüssel abdecken und in den Kühlschrank stellen.

Dekorationstipp: Ministräuße

Zur Verschönerung Ihres Buffets können Sie hier und da Schnittblumen in kleinen silbernen oder versilberten Bechern, in Marmeladengläsern, kleinen Zinktöpfen, die Sie bei Ihrem Blumenhändler bekommen, Likör- oder Teegläsern … verteilen. Die Sträußchen sollten immer aus einer ungeraden Zahl Blumen bestehen, die Sie mit Bast oder Bändern zusammenbinden.
Statt Blumen können Sie auch verschiedenfarbige Kerzen nehmen oder Sie stellen abwechselnd Blumen und Kerzen in verschiedenen Behältern auf den Tisch.

Die kleinen Finessen des Buffets

Die Farben und Dekorationselemente, die ich für dieses süße Buffet gewählt habe, verleihen ihm eine edle Note.
Die Früchte sind in einer gläsernen Obstschale angerichtet.
Es eignet sich aber ebenso gut ein anderes großes Glasgefäß, ein Windlicht oder ein Weidenkorb.
Die Mousse au chocolat wird in dekorativen Kaffeetassen serviert. Sie sind auch ideal für viele andere Speisen, vor allem für Vorspeisen und Desserts wie Auberginenkaviar, Chakchouka, Kompott …
Wenn Sie nicht genügend Servierplatten besitzen, nehmen Sie eine Jenaer Glasschüssel und umkleiden sie mit einer Serviette, die zu Ihrem Tischtuch passt.
Die Saucen können in kleinen Karaffen oder Kännchen serviert werden.
Zu dem süßen Buffet wird kein Brot gereicht, eine kleine Auswahl an Gebäck, etwa Mandelplätzchen, Madeleines oder einige Scheiben Cake, die Sie auf Untertassen anrichten, ist jedoch mit Sicherheit willkommen.

Kleines Küchen-ABC

> **Ablöschen:** Angebratenes mit einer Flüssigkeit begießen, damit sich der Bratensatz löst.

> **Abschäumen:** Den Eiweißschaum, der sich während des ersten Aufkochens an der Oberfläche einer Flüssigkeit bildet, z. B. mit Hilfe eines Schaumlöffels abschöpfen. So wird verhindert, dass Bitterstoffe in der Flüssigkeit bleiben.

> **Blanchieren:** Gemüse kurz in kochendes Wasser geben oder in heißen Dampf halten und anschließend abschrecken. Dadurch behält es seine Farbe.

> **Blondieren:** Eine Zutat in wenig Fett erhitzen, bis sie leicht angebräunt ist.

> **Butter, weiche:** Zimmerwarme Butter, die mit einem Pfannenwender zu einer Paste verarbeitet wurde.

> **Degorgieren:** Bestimmte Gemüse mit Salz bestreuen, um ihnen einen Teil ihrer Flüssigkeit zu entziehen und sie so besser verdaulich zu machen.

> **Escalopieren:** Ein Stück Fleisch in große, mehr oder weniger dünne Scheiben schneiden.

> **Farce:** Füllung aus kleingehackten, mit Gewürzen abgeschmeckten, mitunter auch gebundenen Zutaten.

> **Hacken:** Gemüse oder Kräuter mit einem scharfen Messer sehr fein zerkleinern.

> **Marinieren:** Ein Lebensmittel in einer gewürzten Flüssigkeit einlegen, um es zarter zu machen und zu aromatisieren.

> **Reduzieren:** Eine Flüssigkeit einkochen, bis sie konzentriert ist.

> **Schaumig schlagen:** Eigelb und Zucker kräftig mit dem Schneebesen aufschlagen, bis die Masse ihr Volumen vergrößert hat und die Farbe von Gelb in Weiß umschlägt.

> **Sirupartig einkochen:** Die Herstellung eines dickflüssigen Saftes durch das Einkochen von gleichen Teilen Wasser oder Obstsaft und Zucker.

> **Tournieren:** Gemüse oder Früchte auf eine einheitliche Größe oder in eine dekorative Form zurechtschneiden.

> **Tranchieren:** Fachgerechtes Zerlegen und Portionieren von Fleisch, Geflügel und Fisch.

> **Zerstoßen:** Ein Lebensmittel, zum Beispiel Nüsse oder Pfefferkörner, in einem Mörser mit Hilfe eines Stößels grob zerkleinern.

> **Zesten reißen:** Die Schale von Orangen, Zitronen, Grapefruits oder Pampelmusen mit einem sogenannten Zestenreißer hauchdünn abschälen.

Register

Amuse-Gueules

Vorspeisen

Hauptgerichte

Salate

Desserts

Süße und pikante Saucen

Getränke

Kleine Warenkunde

internationaler Zutaten (in den Rezepten mit * gekennzeichnet)

> **Brick- oder Filoteig** ist ein hauchdünner Strudelteig, der in türkischen Lebensmittelgeschäften erhältlich ist. Der Teig wird ohne Eier aus stark glutenhaltigem Mehl zubereitet, dann mit einer süßen oder pikanten Füllung bestrichen und entweder mehrlagig geschichtet oder gerollt verarbeitet.

> **Cantal** ist ein halbfetter Schnittkäse aus Kuhmilch mit einem Fettgehalt von 45 % und leicht salzigem, haselnussigem Geschmack. Er gilt als einer der ältesten Käse der Welt und stammt aus der gleichnamigen Region in der französischen Auvergne.

> **Charlotte** ist ein klassisches französisches Dessert, bei dem eine runde Form (Charlottenform) zunächst mit Löffelbiskuits, dann mit süßen Füllungen, etwa einer Creme oder Mousse, Früchten, Schlagsahne etc., gefüllt und nach einigen Stunden Kühlung gestürzt serviert wird.

> **Clafoutis** ist ein klassischer einfacher französischer Kuchen aus dem Limousin, der auch gern als Dessert gereicht wird. Traditionell mit Kirschen bereitet, die mit flüssigem Teig übergossen und im Backofen gebacken werden, wird Clafoutis heute auch mit anderen Früchten wie Erdbeeren oder Aprikosen serviert.

> **Comté** ist ein Rohmilch-Hartkäse mit einem Fettgehalt von 45 % und buttrig-fruchtigem Geschmack. Hergestellt wird er in der französischen Region Franche-Comté aus der Milch der berühmten Montbéliard-Rinder. Der Käse reift im Allgemeinen vier bis zwölf Monate, einige wenige Laibe sogar bis zu zwei Jahre.

> **Coulis** ist ein flüssiges Mus oder feines Püree aus Früchten, das der Zierde und Verfeinerung von Desserts dient. Es wird aus zerkleinerten, wenn nötig kurz gekochten Früchten, Zucker und Zitronensaft hergestellt.

> **Crème double** kann durch Schmand (nicht zu verwechseln mit saurer Sahne) ersetzt werden. In der französischen Originalausgabe dieses Buches wird statt Crème double stets Crème fraîche épaisse verwendet. Diese ist bei uns aber meist nur in Feinkostgeschäften erhältlich.

> **Crème fraîche** ist ein Sauermilcherzeugnis mit einem Fettgehalt von 30 % und maximal 15 % Zuckeranteil. Flüssige Crème fraîche können Sie herstellen, indem Sie flüssige süße Sahne mit dem Schneebesen mit saurer Sahne verrühren.

> **Croque-Monsieur** besteht aus zwei Weißbrotscheiben, die mit Schinken und Käse belegt und auf beiden Seiten in Öl oder Butter gebacken werden. In Frankreich verwendet man zum Backen meist ein spezielles, einem Waffeleisen ähnliches Gerät oder man überbackt das Sandwich mit Käsebéchamel.

> **Crumble** ist ein klassisches englisches Gebäck, das gern auch als etwas gehaltvolleres Dessert gereicht wird. Ursprünglich mit Äpfeln bereitet (Apple Crumble), die mit einer Garnitur aus Streuseln im Backofen gebacken werden, wird Crumble heute auch mit anderen Früchten zubereitet und lauwarm mit Eis und/oder Sahne serviert.

> **Glasschmalz oder Queller,** auch Meeresbohne genannt, ist ein Wildgemüse mit leicht salzig-pfeffrigem Geschmack, das vorwiegend auf Wattböden gedeiht. Man kann es roh als Salat, in Essig eingelegt oder wie Spargel zubereitet essen.

> **Guacamole** ist ein mexikanischer Dip aus pürierten Avocados, fein gehackten geschälten Tomaten, Zwiebeln und Chili, der mit Limettensaft, frischem Korianderkraut, Knoblauch, Pfeffer und Salz abgeschmeckt wird. Der Dip wird gerne zu Tortilla Chips oder als Beilage zu Fleisch gegessen.

> **Mesclun** ist eine Salatmischung aus jungen Trieben verschiedener Salatsorten und/oder Gemüse, etwa Eskariol (glatte Endivie), Radicchio, Chicorée, Feldsalat, Löwenzahn, Kerbel, Eichblattsalat und Portulak. Sie stammt ursprünglich aus Südfrankreich, wo sie von den armen Mönchen aus dem Franziskanerkloster Cimiez in Nizza erfunden wurde. Sie sind als fertige Mischungen im Handel erhältlich.

> **Mimolette** ist ein französischer Schnittkäse mit mildem, haselnussigem Geschmack und einem Fettgehalt von 45 %. Als Alternative eignet sich Edamer.

> **Vacherin Mont d'Or** ist ein milder, sahniger französischer Halbweichkäse aus der Franche-Comté. Er hat einen Fettgehalt von 45 % und wird von Kennern meist unmittelbar aus der Spanschachtel gelöffelt. Hergestellt wird er aus der Wintermilch jener Kühe, deren Milch im Sommer zu Comté verarbeitet wird.

Mein herzlicher Dank gilt

dem gesamten Minerva-Team, insbesondere der Leiterin, Sylvie Désormière, die mir stets mit Rat und Tat zur Seite gestanden hat und ohne die dieses Buch nicht hätte realisiert werden können,

dem grandiosen Fotografen Philippe Exbrayat und meiner Lieblingsfoodstylistin Olivia Nikitenko,

Joëlle und Hubert Canuet, die uns in ihrem Landhaus empfangen haben,

der Blumenhandlung Le Pélican, die die Blumenarrangements für dieses Buch kreiert hat,

allen Firmen, die uns ihre Produkte für dieses Buch zur Verfügung gestellt haben:

> **für Sophies Buffet (S. 12–13):** BHV, IKEA und Jacquard Français

> **für das Fingerfood-Buffet (S. 18–35):** Côté Table, Galerie Sentou, Comptoir de famille und Marie-Papier

> **für das vegetarische Buffet (S. 36–53):** Casa, Casa Nova, Côté Table, Grand Comptoir, IKEA, Jardin d'Olaria und Maison de famille

> **für das maritime Buffet (S. 54–71):** Astier de Villatte, Atelier N'O, Bleu Nature, Côté Bastide, Éclat de Verre, Garnier Thiebaut und Maison Roudier

> **für das Fleischbuffet (S. 72–89):** Alexandre Turpault, BHV, Boulangerie Vandermeersch, Casa, Côté Bastide, IKEA, Comptoir de famille, Maison Strosser, Peau d'Âne und Peugeot

> **für das Tartebuffet (S. 90–107):** Anthéor, Casa, Peau d'Âne und Tohu Bohu

> **für das Salatbuffet (S. 108–127):** Alexandre Turpault, Côté Bastide, Côté Table, Comptoir de famille, Mokuba und Rougier & Plé

> **für das Brunchbuffet (S. 128–145):** Botanique Éditions, Côté Table, Du Bout du Monde, Elsa C., IKEA und Pain d'Épice

> **für das Buffet für Kinder (S. 146–165):** Garnier Thiebaut, Le Printemps, Ceci Cela, Tsé & Tsé in der Galerie Sentou, Bon Marché und Marie-Papier

> **für das süße Buffet (S. 166–183):** Côté Table, Jeannine Cros, Jardin d'Olaria und Peau d'Âne

Bibliografische Information der Deutschen Nationalbibliothek
Die Deutsche Nationalbibliothek verzeichnet diese Publikation in der Deutschen Nationalbibliografie; detaillierte bibliografische Daten sind im Internet über *http://dnb.d-nb.de* abrufbar.

Die Originalausgabe erschien unter dem Titel *Les buffets de Sophie*

Satz: typocepta, Wilhelm Schäfer, Köln
Printed in Italy

www.gerstenberg-verlag.de

ISBN 978-3-8369-2974-5